世界殺人鬼ファイル

殺人王2

～地獄の毒毒キラー～

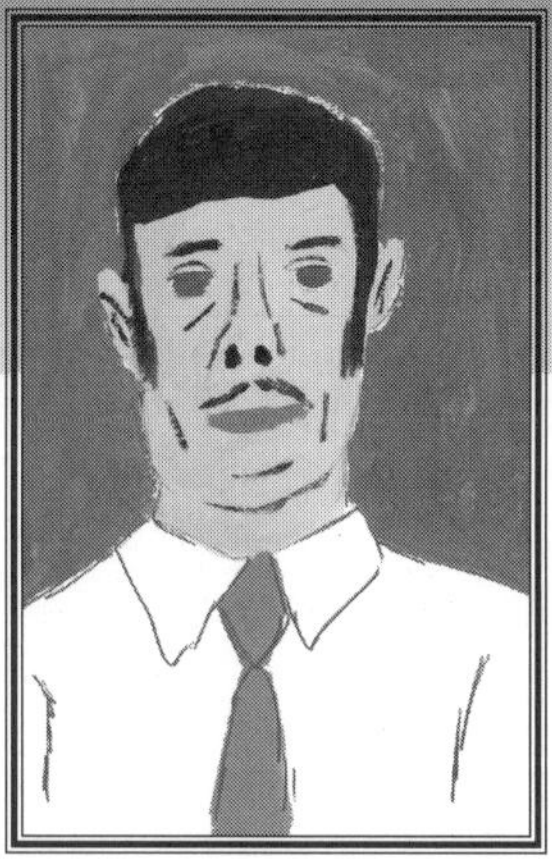

INTRO DUCTION

シリアルキラーは21世紀も元気いっぱいだ。

その証拠に、『フロム・ヘル』が映画化された。元祖シリアルキラー、切り裂きジャックの事件をモデルにした映画で、タイトルの「地獄より」は、ジャックが警察に送りつけてきた犯行声明文にあった文句なのだ。

この映画の原作は、イギリスで出版されたアラン・ムーア作の大人向けコミックスだった（最近ではグラフィック・ノヴェルなんていいますね）。この『フロム・ヘル』はイギリスで出版されるなり、その残酷な殺戮描写で大問題となり、発禁処分になるという快挙を得た。同時期にイギリスでは、『ロード・ホラー』というグラフィック・ノヴェルも発禁になって、ちょっとした発禁ブームだったようだ。

『ロード・ホラー』は切り裂きジャックとドラキュラとヒトラーのイメージを合体して作りだされたキャラ

クター、ホラー卿なる主人公が、とにかく殺人をしまくるというストーリー。どちらもまだ邦訳は出版されていないが、『フロム・ヘル』は映画化されて、日本でも観ることができたわけだ。

21世紀になっても、切り裂きジャックは生き返ることができたし、いまだに人々の強い関心を集められることを証明したのだ。切り裂きジャック事件が起きたのは、1888年。19世紀末である。

いま、19世紀ロンドンの他の出来事や事件を瞬時にいくつも列挙できる人がいるだろうか。あるいは、当時、何が流行していたかわかる人がいるだろうか。専門的に研究しているか、個人的に興味があって資料を読んでいる人ならともかく、当時のことは忘れ去られているはずだ。

ところが切り裂きジャックはちがった。19世紀末に興味のない21世紀の人間でも、ジャックになら興味を抱くのだ。ジャック・ザ・リッパーは21世紀にも生きている。地獄の狂獣、ジャック・アライヴ!である。

切り裂きジャックは時代を越えて生き続け、定期的にスポットライトを浴びて蘇る。このあり方は、すでに人間とはいえない、不死の存在だ。昔だったら、ドラキュラに似ているといわれるだろう。いまなら、ジェイソンとか、マイケルとか、フレディがそうだ。

連続殺人を犯し、映画の作中で何度死んでも生き返る。映画作品としても、みんなが忘れた頃に、新作が出来て、蘇る。ジャックはそういったスプラッター・ムービーの人気キャラみたいな存在と化している。

人間か、怪物かわからない連続殺人鬼といえば、映画化された『ジェヴォーダンの獣』へのフランス人の関心の高さは、まるで、切り裂きジャックに匹敵するほどだ。

1700年代にフランスのド田舎で起きた、若い女性と子供だけを斬殺する謎の「獣」の事件である。3年に渡って事件は続いたが、「獣」は退治されず、真相は謎のままだ。

目撃された特徴を合わせると、「獣」は実在の動物には思えない。さらに人語を解したとなると、動物の着ぐるみを着た変質者、今でいうサイコキラーだと考える方が自然だ。ましてや、野性動物が若い女の子と子供だけを好んで狙って、切り裂いたり、内臓を引っ張りだして放置するというのは考えづらい。

映画では、「獣」の正体と事件に、ファンタスティックな新説を採用していたが、いずれにしても、いまだにフランスでは、このジェヴォーダンの獣事件に関して研究が続いているし、今回の映画化までされた。

人々の連続殺人の謎に対しての興味は尽きないのである。

こうした切り裂きジャックやジェヴォーダンの獣の子供たちである、多くの人気サイコキラーや、シリアルキラーのスターたちの犯行は、スプラッター映画のシリーズと似ている。いくつかの残虐な殺人のパターンがあって、先行する有名殺人鬼の犯行パターーンを繰り返すだけであることが多いからだ。

それでも、人々はスプラッター・ムービーが大好きだし、現実のシリアルキラーたちにも強く引きつけられる。つまり、我々は長い歴史という現実の物語の中で、何度も現れては退治され、それでも地獄から蘇る、連続殺人鬼の物語というスプラッターのシリーズものを観てきたし、それに飽きなかった。そして、これからも、飽きずに観つづける、ということなのだろう。

もちろん、有名な実在サイコキラーたちは、その都度、別の名前や顔をしているが、その本質は変わらない。人を殺して逮捕され、死刑になっては、また、新たな毒毒キラーが地獄から蘇ってくる。前回と変わりばえのしないキャラであるが、人々はかならずそのシリーズを観てしまうのである。

それは、我々が、その映画のキャラがジェイソンであっても、マイケルであっても、レザーフェイスであっても、たいして気にもとめないことが証明している。特徴のあるキャラクターが残虐な殺戮を繰り返す物語。それを人々は求めている。その心の欲求に実在のシリアルキラーやサイコキラーは答えている。

殺人は人々の心というコインの裏側なのだ。バットマンの宿敵である、怪人トゥーフェイスが持っている片側に傷をつけたコインみたいに。トゥーフェイスはコインを投げて、傷の面が出た時だけ、狂った犯罪を犯す。このコインと同じものを人々は持っているのだ。

トゥーフェイスは極端な例だが、こんな気まぐれは誰にでもあるだろう。人には善と悪の心があり、そのどちらかが現れるかは、たんなる偶然にすぎない。ほんの些細なことが（コインを投げてみるような）、人を殺人鬼にしてしまう。そのことが、現代のもっとも恐ろしい恐怖なのだ。なにしろ、それは他人事ではなく、自分にも簡単に当てはまることだからだ（というか、その恐怖の源は、もともと、自分の中にある）。なので、人はサイコキラーを見たがる。

人はシリアルキラーを見ることによって、自分の心が、どの程度までの悪に耐えられるかを知ることができる。どこまで、人は「獣」になってしまえるものか。また、どの程度までの恐怖、どのくらいの恥辱に耐えられるかをも知ることができる。この世に地獄があるのかどうかをも。

連続殺人鬼は、人の持つ、もうひとつの顔だ。深夜に鏡に映した自分の顔の半分が異様に歪んで見えた時みたいに。

つまり、こういうことだ。『殺人王』を出した時、多くの読者から、「目黒殺人鬼博物館は本当にあるのか？」とか、「行ってみたいんですが、どこにあるんですか？」とか、「連絡先を教えて欲しい」という問い合わせがあった。お答えしよう。目黒殺人鬼博物館は実在する。どこにかって？　それは、あなたがたの心の中にだ（ついでにお教えすると、地獄も同じ場所にある）。だから、また、あなたはいらっしゃったのですね。ようこそ、目黒殺人鬼博物館へ。

当館には、あなたによく似たサイコキラー、シリアルキラー、そして、地獄の毒毒キラーの人達が多数お待ちいたしております。

きっと、あなたにも気に入っていただけるはず。

目黒殺人鬼博物館館長・目黒卓朗

注：繰り返すようですが、目黒殺人鬼博物館は、目黒寄生虫博物館さんとは、まったく関係ありません。念のため。

殺人鬼ファイルPART1

カバーイラスト　花くま　ゆうさく
カバーデザイン　WORK　SHOP

殺人鬼ファイルPART1

KILLER KING FILE 001

ドイツの子供たちの間で流行ジョークにもなった喰人鬼！

カール・デンケ

DATE 家宅捜索の際、12人の浮浪者の身分証明書と衣類が発見された。警察は遺留品から30人以上の人間が屋敷で殺害され、人肉として売買、またはデンケに食われたと推測した。

大地主「パパ・デンケ」の秘密はホモで喰人癖！

ドイツ・シュレジエン地方出身。生年月日はよくわかっていないが、カール・デンテはシュレジエン地方のミュンスターベルクで生まれている。

彼は巨大な邸宅と広大な農地を持つ、大地主だった。地元の最大の名士であり、親しみを込めて「パパ・デンケ」と呼ばれて、尊敬されている人物だった。

教会の日曜の礼拝では、町を代表して、オルガンを弾くなど、地元の催しにも積極的に参加した。

男色家だったようだが、その性癖は周到に隠して、生活していた。だが、彼の秘密はそれだけではなかった。

実はデンケは1921年頃から、地元でホームレスを誘拐しては、自宅に連れ込み、殺害する連続殺人鬼だったのである。

殺人の理由は、その人肉を肉屋に売って、儲けるためだった。第1次大戦後のドイツは食料不足で、飢え死にする者も多く、食料なら飛ぶように売れたからだ。同様の「ハノーバーの人肉売り」フリッツ・ハールマンの犯罪も完全に同時期に起きている（『殺人王』を参照のこと）。

デンケはホームレスを斧でめった打ちにして殺害し、肉切り包丁でバラバラに解体していた。適当な大きさのブロックに切りわけた人肉は、樽で塩漬けにして、肉屋に売っていた。脂身は別にしてビン詰めにして、やはり、肉屋に卸した。肉の一部はデンケ家の食卓にも上がった。

樽には塩漬けの人肉
手帳に殺人の詳細なメモ

デンケは金の亡者で、殺人も、死体の解体も、彼にとっては商売にすぎず、食品業界の需要と供給を満たす程度にしか考えていなかった。

デンケはノートに殺した相手の名前や、体重、殺した日付、卸した日時、いくらで売れたかを克明に帳簿に付けていた。

1924年の年末、デンケの使用人ガブリエルが、屋敷内でものすごい叫び声を聞いた。ご主人様が強盗に襲われたのか！　ご主人様の一大事とばかりに部屋に走り込んだ彼が見たのはデンケが斧で若い男を惨殺している光景だった。

ガブリエルは警察に通報。デンケ邸からは何個もの樽に入った塩漬けの人肉や、被害者の衣服が発見された。遺留品は30人以上分あったと報告されている。

デンケは逮捕されたが、裁判を待たずに、彼は留置場で首吊り自殺してしまった。

デンケは同様の人肉売りのハールマンと並んで、ドイツの子供たちの間で流行ったジョークに名を残した。

ショック・カウンター

残虐度	
フェチ度	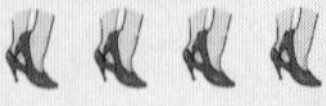
衝撃度	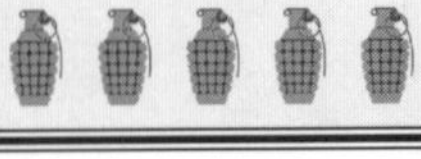

ノンフィクションでも怖い人食い殺人事件！

人肉を食用に売っていたカール・デンケ。人食い小説の代表作といえば、これといわれるのが、スタンリー・エリンの『特別料理』。

至上の美味である肉料理を出すレストラン。その味の虜になった人達は、店に新たな客を紹介すると失踪する。人肉料理で客を太らせ、最後には食材にしていたというオチである。

『正真正銘の殺人』はヨーロッパ各国の殺人事件をまとめた本で、人食い連続殺人事件を筆頭に異常な殺人鬼が続々と登場する。

NOVEL

『特別料理』

スタンリー・エリン
（早川書房）

NOVEL

『正真正銘の殺人』

ジョン・ダニング
（中央アート出版社）

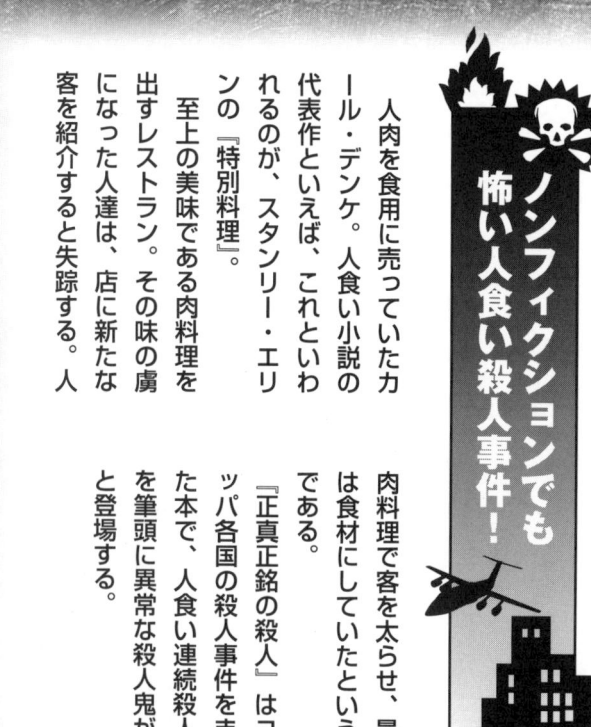

切断した指を持ち歩き
心臓を生で食べたカルト殺人鬼

スタンリー・ディーン・ベイカー

DATE バラバラになった死体を、司法解剖した結果、ピストルで撃ち殺された後、全身の27箇所をめった刺しにされ、６つのパーツに切断。胸部を切り開き心臓を抜き取られたと結論づけた。

幼少から神経症で悪魔教、LSDに傾倒

1947年、アメリカ・ワイオミング出身。住所不定無職のヒッピーだったベイカーの生い立ちについてはよくわかっていないが、子供の頃から神経症で、17歳の時に精神科で電気ショック療法を受けている。

しかし、このショック療法は逆効果だったようで、病状は悪化。ベイカーは自分をイエス・キリストだと思い込むようになった。また、同時に人の肉を食べたいという強い欲求を抱いた。

さらに、1960年代末になると、ヒッピー・ムーヴメント、ドラッグ・カルチャーに染まって、LSDを始めとするドラッグにのめり込むようになる。教祖アントン・サンダー・ラヴェイ率いる「悪魔教会」の『サタニック・バイブル（悪魔の聖書）』ペーパーバック版を愛読していた。

1970年7月、ベイカーはヒッピー仲間のハリー・アレン・ストロープとヒッチハイク旅行に出た。途中、別々の車にヒッチハイクして別れたが、この時、ベイカーを車に乗せたのが、ジェイムズ・マイケル・シュロッサーという22歳の会社員だった。シュロッサーは週末を利用して、イエローストーン国立公園にキャンプしに行く途中だった。

イエローストーン川の辺にシュロッサーはキャンプを張り、ベイカーも泊めてもらったが、この夜、ベイカーは眠っているシュロッサーを銃で撃ち殺した。そして、アーミーナイフでめった刺しにした

全身をめった刺しにし、心臓を取り出し食べる！

上、頭、両腕、両足を切断した。頭に噛みつき、耳を食い千切った。さらに胴体の胸部を切り裂いて、心臓を取り出し、生で食べた。

　ベイカーはバラバラ死体と銃を川に捨て、シュロッサーのスポーツカーに乗って逃走した。この時、彼は後で口寂しくなった時のために、シュロッサーの右の人差し指を切断して持っていった。バラバラ死体の内、胴体は下流で釣りをしていた男に釣り上げられた。同時にシュロッサーの失踪届けが会社から出されて、死体が彼のものだと断定された。彼のスポーツカーの捜索命令が出された1時間後、ベイカーは交通事故を起こして、逮捕された。

　ベイカーは骨になったシュロッサーの人差し指を持っていた。彼はドライブの途中で腹が空き、肉を食いつくしてしまったのだった。聞かれもしないのに、ベイカーは殺人と人食いについてしゃべりまくったという。精神鑑定でベイカーは精神異常と判定され、ウォーム・スプリング州立病院に収容された。

ショック・カウンター

残虐度

フェチ度

衝撃度

サディズムもカルトもほどほどに、ね！

『悪徳の栄え』はサディズムの語源となったサド侯爵の代表作。あらゆる悪行が論理的に正しいという怪人のオンパレードだが、作中に登場する人食いキャラのミンスキー氏による、いかに人食いが正しく、人肉を食うと精液が増える効果があるかという長～い演説がスゴイ。

『サタニック・バイブル』は実在のアメリカのカルト集団・悪魔教会の教祖、アントン・ラヴェイによる悪魔主義者の必読書。ペーパーバックにもなって、LAを中心に熱心に読まれた。マリリン・マンソンも信者だった。

NOVEL 『悪徳の栄え』

マルキ・ド・サド
（角川文庫）

NOVEL 『サタニック・バイブル』

アントン・ラヴェイ
（未訳）

KILLER KING FILE 003

死体に勃起、ヘアを収集する「ノッティング・ヒルの怪物」

ジョン・クリスティー

DATE　死姦、食器棚に死体陳列、冤罪と数々の話題を呼んだが、55歳という高齢での逮捕劇も関心を集めた。また、クリスティーに殺された被害者には、妊婦も含まれていた。

「チンなしレジー」は虚言癖でいじめられっ子

1898年、イギリス・ヨークシャー出身。ジョン・レジナルド・ハリディ・クリスティーの父親は絨毯デザイナーで、異常に厳格だった。虚弱なクリスティーは父親の愛情を知らずに育った。

また、虚言癖のある彼は学校でいじめられていた。また、10代になると、初体験のおりに勃起しなかったことから、相手の女の子に「チンなし」とか「立たないレジー」などのあだ名をつけられ、仲間から笑いものになった。

15歳で警察の事務員になるが、職場で盗みを働き、解雇され、父親の絨毯工場でも窃盗をやり、家を放逐されてしまう。

この頃から彼は心身症になりはじめたが、どういうわけか、当人はそれが自慢の種で、病気自慢を始めるととめどがなかった。

その後、徴兵されるが、この時に毒ガスを吸ったり、爆弾で吹き飛ばされるという経験をする。この異常な体験が心身症だった彼の精神を破壊した可能性は大である。除隊になった後、結婚するが、相変わらず性的不能だったため、離婚される。

職を転々としたクリスティーは警官になり、前妻とよりをもどすが、この頃、妻の留守に売春婦を家に連れ込み、ガス（あるいは殺虫剤）を吸わせて気を失った彼女を絞殺。その死体をレイプし、死体は裏庭に埋めた。

彼は同様の手口で次々と女性を殺害し、死体を凌辱した。

食器棚から死体発見！ロンドンの「地獄の家」

死体相手だと彼のモノは勃起したようである（1943年、クリスティーの家の近所のティモシー家の妻と子供が殺害され、夫のティモシーが逮捕され、死刑になっている。ところが、この事件も実はクリスティーによるものだった）。

　ついにクリスティーは妻をも手にかけ、自由になった彼はさらに殺人を重ねた。そして、死体は食器棚に隠した。

だが、クリスティーの住んでいた、リリントン・プレス10番地の家の家主が、食器棚から死体を発見したことにより、事件が発覚した。

　裏庭に埋められた死体や、被害者から剃り取ったヘアのコレクションも発見され、この時にはホームレスになっていたクリスティーは逮捕された。

　マスコミは死体だらけのこの家を「地獄の家」と書き立て、センセーションを巻き起こした。クリスティーには「ノッティング・ヒルのモンスター」のあだ名がついた。

　8人を殺害した罪により、クリスティーは1953年に死刑になっている。

ショック・カウンター

残虐度 

フェチ度 

衝撃度 

クリスティーの狂気を全て網羅！

イギリスの犯罪実話雑誌編集者による、殺人鬼紹介本が『愛欲と殺人』。コリン・ウィルソンが序文を書いた由緒正しいシリアルキラー本で、アルバート・デサルヴォや、デニス・ニルセンなどの有名殺人鬼から、ちょっと変わった事件までを網羅。ジョン・クリスティーも紹介されているが、項目は「レジナルド・クリスティ」となっているから要注意。

序文の主コリン・ウィルソンの方にも、ジョン・クリスティーは登場する。こちらにも名の知られたシリアルキラーが満載。

NOVEL

『愛欲と殺人
世界の愛憎猟奇殺人50』

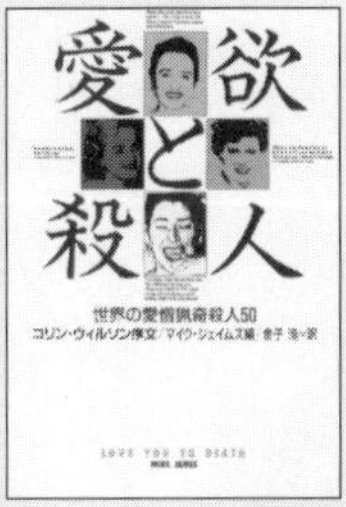

マイク・ジェイムズ（扶桑社ノンフィクション文庫）

NOVEL

『猟奇連続殺人の系譜』

コリン・ウィルソン
（青弓社）

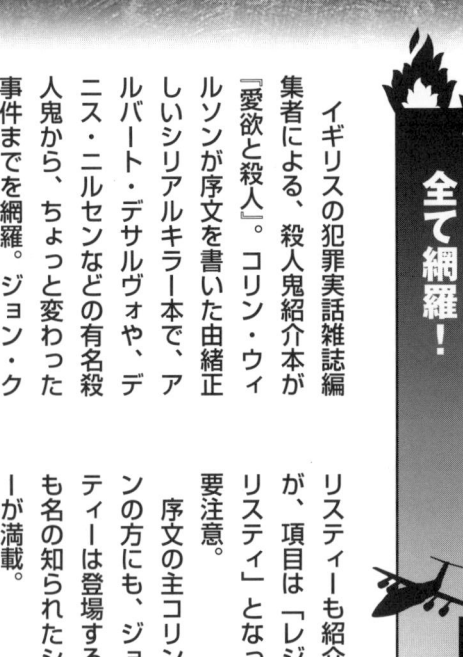

ハリウッド・スキャンダル！
全裸で真っ二つに切断され放置

ブラック・ダリア・キラー

DATE

正体不明の謎の殺人鬼。殺害手段の残忍さと、ブラック・ダリアの所持品を警察に送りつけるなど、大胆不敵な行動でハリウッド映画界ならず、全米中を震撼させた。

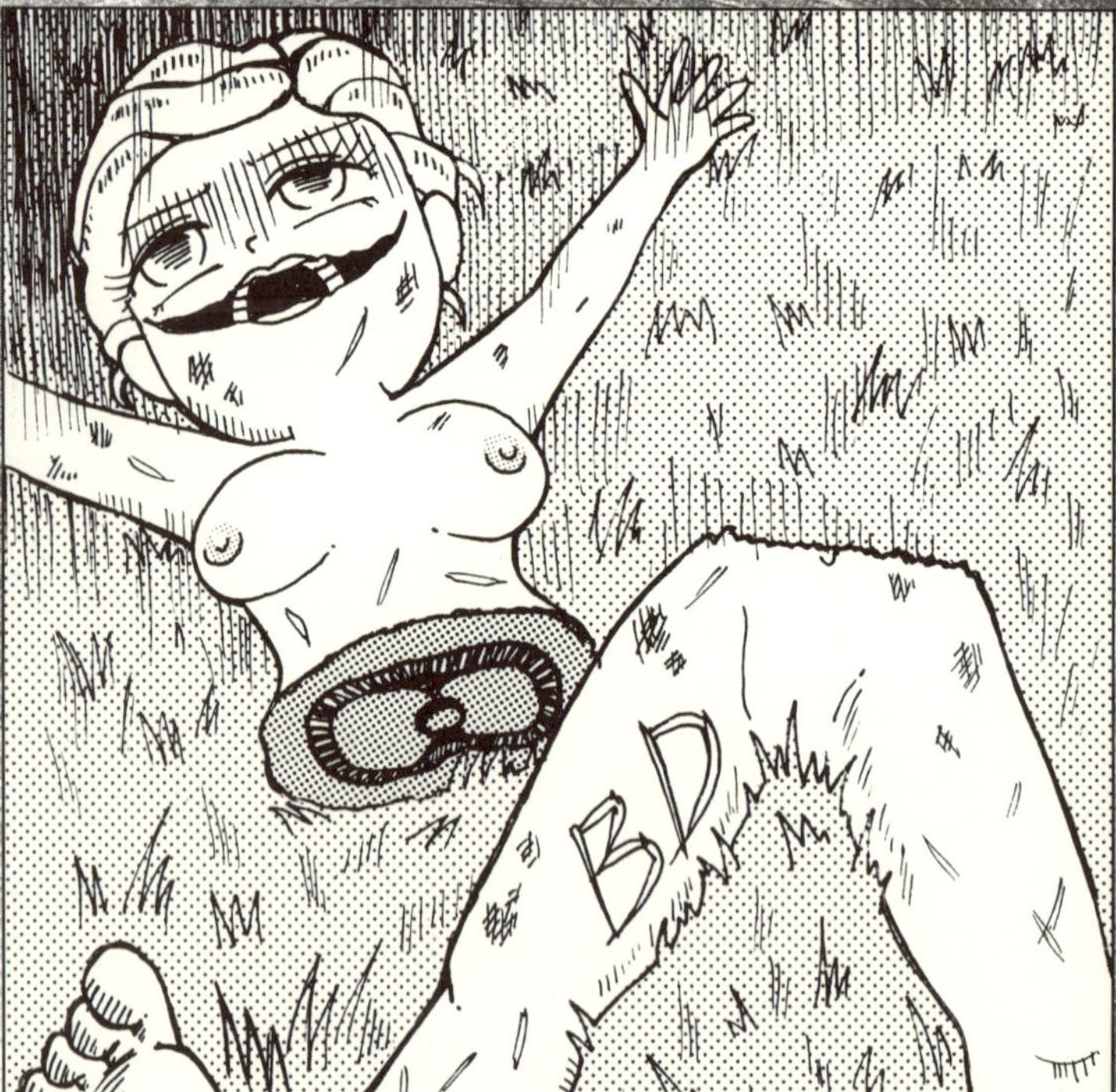

ハリウッド・スターを目指すが娼婦として有名に

ブラック・ダリアとあだ名される娼婦が惨殺された事件の犯人。しかし、犯人は捕まっておらず、完全に正体が謎。被害者のあだ名の方が有名で、「ブラック・ダリア事件」と呼ばれ、犯人にあだ名も呼び名もついていない。

被害者のブラック・ダリアは、本名・エリザベス・ショート（22歳）。アメリカ・マサチューセッツ出身で、そこそこの美貌の持ち主だった彼女は、女優になるのが夢だった。

ショービズの世界に入るため、ベス（彼女の愛称）は映画界へのコネを求めて、フロリダやシカゴなど各地を転々とし、カリフォルニアで、ようやく映画のエキストラの仕事に就くことができた。

いつも黒の衣装と黒の下着に身を包んだベスには、ブラック・ダリアのニックネームもついたが、エキストラ以上の役に就くことはできず、彼女はアルコールに溺れ、男漁りに精を出した。そして、最終的にはベスはハリウッドで娼婦として名が知れわたるようになる。

ハリウッドに名の知られた娼婦・ブラック・ダリアが生きて最後に姿を目撃されたのは、１９４７年1月10日。その5日後、ＬＡの空き地で、ベスの死体が発見されたが、その死体の有り様は、アメリカ犯罪史上に残るインパクトのあるものだった。

全裸のベスの死体は、腰の所で完全に切断されていたからだ。さらに、口の両端が切り裂かれ、笑っているような

口は耳元まで裂け 3日間に渡る拷問の痕

顔にされていた（まさに口裂け女状態）。仰向けの死体の両手、両足は広げられ、太腿に「BD」の文字が刻まれていた。

死体は血ぬきされていたので、現場にはまったく血糊がなかった。全身に切り傷があり、タバコを押しつけられた火傷もあった。これらは生きている間に拷問でつけられたもので、ベスは3日間に渡る拷問を受けていたとされた。

ロス警察は大規模な捜索を行ったが、手掛かりは得られなかった。しかも、新聞の1面で報じられると、大量の自称・真犯人からの連絡が当局に殺到した。だが、そこへ、真犯人と思われる人物から挑戦状が送りつけられてきたのである。

「ダリアの持ち物だ」と新聞活字を切り抜いて作った手紙には、ベスから奪った出生証明書や社会保証カードなどが同封されていた。差出人が事件に関与する者なのは明らかだった。しかし、以来、犯人からの連絡もなく、いまだに事件の真相は謎に包まれている。

ブラック・ダリアへのふたつのアプローチ

犯罪小説の新星・エルロイは実の母親が猟奇殺人事件の被害者で、しかも、事件は未解決。そこで、未解決の猟奇殺人事件、ブラック・ダリア事件に興味を抱いたらしい。元ボクサーの警官がブラック・ダリア事件の捜査の過程で人生を狂わされていく様を描いているが、よく調査されていて、独特のノワール世界に引きずり込まれる。

『切断』はブラック・ダリア事件の真犯人を推理するノンフィクション。真犯人と目される人物が実名で上げられているが、本当にこの男が犯人なのだろうか。

NOVEL

『ブラック・ダリア』

ジェイムズ・エルロイ
（文春文庫）

NOVEL

『切断　ブラック・ダリア殺人事件の真実』

ジョン・ギルモア
（翔泳社）

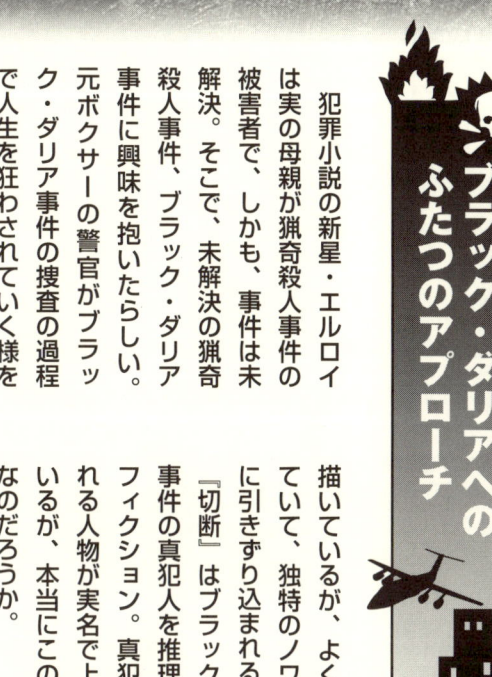

KILLER KING FILE

005

生きたまま乳房を切り取り ビール瓶で妻の妹をレイプ！

ジョン・ウェーバー

DATE　ふくらはぎのミートパイ、乳房の料理も実は死体の処理に困り、5日間のドライブ中に偶然閃き実行したと供述。

義妹の2穴にビール瓶挿入 生きたまま乳房を切断！

アメリカ・ウィスコンシン州出身。ジョン・ウェーバーは、5歳の時、祖母の衣服を着て性的に興奮するという体験をした。

成長するにつれ、彼はセックスと暴力に非常に強い関心を示すようになり、親に隠れてSM雑誌を読み耽った。

それでも、表面上はノーマルなふりをして生活。普通に結婚もしているが、実は女性を襲い、拉致・監禁しては、残虐な拷問を加え、レイプして殺害するシリアルキラーだった。ウェーバーは同様の手口で9人の女性を殺害した。また、悪魔崇拝に夢中になり、密かに魔術の儀式を行っていた。

そして、彼はついに妻の妹で、17歳の女子高生カーラ・レンツにまで魔手を伸ばした。1986年11月。ウェーバーはカーラを車で森に連れていくと、銃で脅して全裸にし、レイプした。そして、ヘアを引き千切り、乳首をライターで焼くなどの拷問を行った。

ウェーバーは美少女のヴァギナとアヌスに手押し車のハンドルを突き立てて犯した。それを抜くと、今度はヴァギナとアヌスに2本のビール瓶を同時に挿入。むりやりに全部、身体の中に入れてしまった。さらに、生きたまま、乳房を切り取った。その後、ようやく、彼女を絞め殺すのだった。

ウェーバーは殺したカーラの死体を車のトランクに入れ、ドライブをして楽しんだ。2人きりのドライブをするよう

ふくらはぎでミートパイ
夢の乳房料理を堪能！

になって5日後に、ウェーバーは死体のふくらはぎをナイフで切り取り、自宅のキッチンで調理。ミートパイを作って、味わった。

これが大変に美味だったため、彼は今度は殺害のおりに切り取ってあった乳房を食材にして料理した。彼は子供の頃から、女性の乳房を食べるのが夢だったのである。ウェーバーはオッパイ料理のおいしさに狂喜した。

カーラ失踪事件から2年後、ウェーバーの妻が何者かにレイプされるという事件が起きた。警察に通報したのはウェーバーだったが、供述は曖昧で、警察はようやく彼に疑いを抱いた。結局、妻の供述により、暴行を加えたのが夫であることがわかった。

しかも、妻に乱暴する前に、ウェーバーはテープレコーダーを回し、カーラをレイプし、殺害するまでの一部始終を語って聞かせていた。裁判でテープが再生されると、陪審員たちは震え上がった。

殺人時は正気だったとして、有罪判決を受けたウェーバーは終身刑となった。

ショック・カウンター

残虐度

フェチ度

衝撃度

悪魔主義者のバイブル ウェーバーの愛読書？

悪魔主義者の人食いウェーバー。黒魔術の儀式に夢中になっていたというが、そんな儀式の必需品が、20世紀最大の黒魔術師として悪名高いクロウリーの『法の書』。ウェーバーもこれを使っていなかったらモグリである。悪魔が乗り移って自動筆記させたという触れ込みの魔術文書で、強力な魔力が秘められているとされている。これを使うと、召還魔術などの成功率が格段に跳ね上がるとか。邦訳版では全ページが封印されており、封印を破って悪用した場合はたいへんなことが起きると警告されていた。

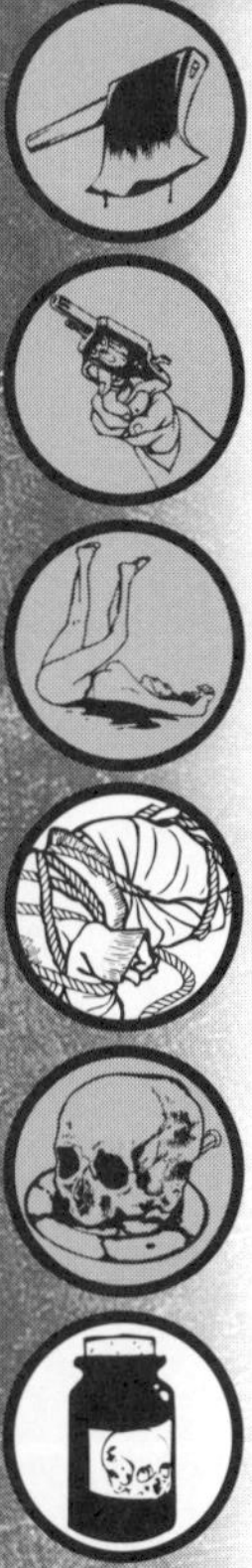

NOVEL

『法の書』

アレイスター・クロウリー
（国書刊行会）

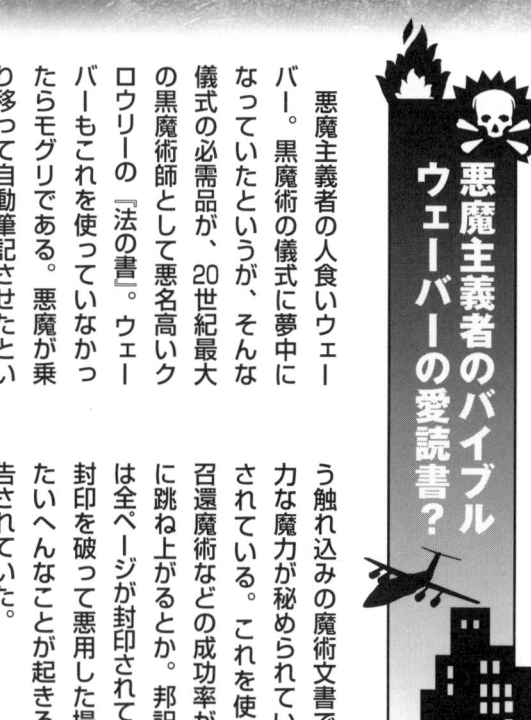

KILLER KING FILE 006

27人を拷問して殺害！　アメリカ犯罪史上初の大量殺人鬼

H・H・ホームズ

DATE　重婚、詐欺、殺人と犯罪を重ね、獄中で知り合った強盗犯と保険金詐欺事件を計画。「ホームズ城」の設計者ピッツェルを殺害したが、仲間割れし密告され逮捕された。

ドラッグストアを乗っ取り「ホームズ城」を建築！

1860年、アメリカ出身。H・H・ホームズは、本名をハーマン・ウェブスター・マジェットといい、郵便局長の息子だった。

18歳で結婚したが、8年後に他の女性と重婚。この頃には一端の詐欺師になっていた。この後、彼は医師免許を取得。1888年（1886年説もある）にシカゴに移住した。

地元のドラッグストアの経営者、ホルトン夫人に薬剤師として雇われるが、この女性は謎の失踪を遂げる。当然、ホームズがドラッグストアを乗っ取るために殺害したのだが、この事件は発覚しなかった。

ホームズはドラッグストアの経営を引き継ぎ、謎の秘薬なるものを売出して、店は大繁盛。大金持ちとなったホームズはドラッグストアの向かいに巨大なゴシック調のホテルを建設。地元住民から「ホームズ城」と呼ばれるほどだった。

ホテルが完成した2年後にシカゴ万博が開催され、ホテルも大繁盛したが、宿泊客の多くが、このホテルから失踪した。ホームズの美人秘書ジュリアや、ホームズの愛人もこの頃、姿を消してしまった。また、5人の子供たちの内、3人が行方不明になった。これらの失踪者たちは、全てホームズの手にかかって殺されていたのだ。

ホームズは保険金目当てに、ホテルを設計したベンジャミン・ピッツェルを殺害したが、ここから足がついて、警察が

ガス室に拷問器具更に死体処理部屋まで！

捜査に乗り出した。すると、ホームズ城からは多数の死体が続々と発見された。また、この建物には隠し扉や隠し部屋、秘密の通路、また、密閉してガスを送り込み、殺害できる部屋などがあることがわかった。

　ある部屋は室内が全て石綿で覆われており、その中で被害者に火を点けて焼き殺せるように設えられていた。また、別の部屋は床が落とし穴になっており、地下室に落下するようになっていた。

　その地下室には拷問用具と外科手術用具が山のようにあった。死体を処理するための硫酸の樽も常備されていた。

　ホームズは27人以上を拷問し、殺害していると自供。警察の捜査によると、死体は200人分はあると発表された。事件が発覚すると、ホームズ城は「ホームズの殺人の館」「死の城」として全米に悪名を轟かせた。

　裁判でホームズは自分で自分の弁護士となり、詐欺師時代の話術を駆使したが、判決は死刑。彼は絞首刑となった。

ショック・カウンター

残虐度

フェチ度

衝撃度

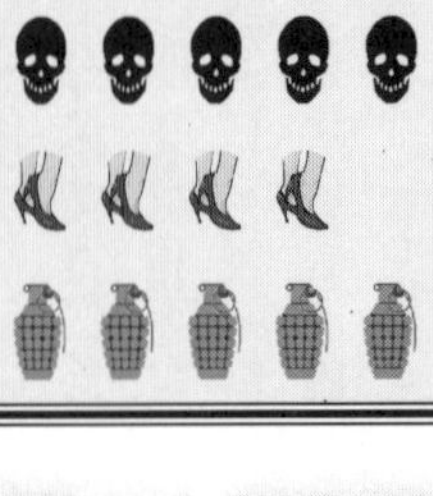

犯罪者にとどまらず研究者までも研究！

『世界犯罪者列伝』はフランスで出た犯罪研究書。あつかわれているのは殺人だけでなく、古典的な有名犯罪者はこれで充分わかる。有名な探偵や警官、犯罪研究家にも章を割いているのも面白い。「ドクター・ホームズ」として、H・H・ホームズの項目もある。

『猟奇連続殺人の系譜』はウィルソンの「殺人ライブラリー」シリーズで、欧米の有名殺人鬼が続々登場するシリーズ完結編。H・H・ホームズも詳しく触れられているが、ブレイディ＆ヒンドリー、クリスティーなども掲載。

NOVEL

『世界犯罪者列伝』

アラン・モネスティエ
（ＪＩＣＣ出版局）

NOVEL

『猟奇連続殺人の系譜』

コリン・ウィルソン
（青弓社）

『13日の金曜日』のモデル
正体不明の連続殺人小麦袋男
ファントム・キラー

DATE
大々的に捜査網を敷いたにも関わらず、犯人らしき人物の特定さえも出来ない不気味さと、殺害された被害者の女性は必ず強姦されている事実が、都市伝説を生む結果となった。

カー・セックスをしているカップルばかり襲う小麦袋男

1946年にアメリカ・テキサス州で連続殺人を犯した謎の犯人。逮捕されておらず、完全に正体不明である。

1946年2月23日の満月の夜、テキサス州テキサカーナで、ジム・ホリーとメリー・ラリーのカップルが、カー・セックスをしていたところ、目の部分に穴を開けた小麦袋を被った男に襲われた。

小麦袋男はジムとメリーを車から引きずり降ろすと、銃で2人の頭を殴り、頭蓋骨を割った。2人は血まみれになったが、運良く助かり、小麦袋男のことを証言した。

30日後、次の満月の夜のこと。やはり、車を留めてペッティングしていたカップルが、射殺死体で発見された。次の満月の晩にも、車でデートしていたと見られるカップルが銃で撃ち殺された。

最初に目撃された小麦袋を頭に被って、銃を持った男が犯人だとされ、テキサスの住民たちは、「ファントム」とあだ名して、恐怖した。さらに、車でデート中のカップルの死体が次々と発見されて、ついに地元に夜間外出禁止令が出るほどになった。

警察も大々的に捜査に乗り出したが、成果は上がらず、テキサス・レンジャー部隊まで動員されたが、ファントム・キラーの正体はまったくわからないままだった。

この頃になると、どんな無謀な若者でも、満月の夜にデートしなくなっていたが、この夜、ファントムはごく普通の一般家庭、スタークス家に

テキサス・レンジャー動員
遅々として進まない捜査活動

出現した。

　ファントムはラジオを聴いていた一家の主人、ヴァージル・スタークスをライフルで射殺した。この銃声を聞いて起きてきたスタークス夫人は居間でファントムと鉢合わせし、ライフルで銃撃された。

　居間は血まみれとなり、動かなくなった夫人を見たファントムはそのまま逃走。しかし、夫人は命を取り留め、犯人が小麦袋を被った男だったことを証言するのだった。

　ところが、警察もレンジャー部隊も、結局、ファントムは逮捕できず、犯人らしき容疑者も特定できない体たらくだった。しかも、1946年の終わりには、犯行はピタリと止んで、二度と起きなかった。

　この謎の事件はアメリカ中に知れ渡って、大学生を中心に噂され、車でペッティングしているカップルが鉤爪の男に殺されるという都市伝説に転化した。また、映画化もされ、後の『13日の金曜日』シリーズに大きな影響を与えた。

ショック・カウンター

残虐度

フェチ度

衝撃度

布袋は連続殺人鬼の証 もう一つのファントム！

1946年にテキサスを襲った連続殺人鬼ファントムをモデルに作られた映画が『落日を恐れた町』。このタイトルは『スクリーム』で外出禁止令が出た町で、キャラクターが口にするセリフにも使われている。また、頭に布の袋を被った犯人の姿が映画のポスターになっており、袋を被り、カップルを襲う鉤爪の男という都市伝説のもとになるほどのインパクトがあった。布袋は『13金』2作目のジェイソンとも同じ。彼はホッケーマスクでなく、布袋を被っている（ホッケーマスクはPART3から）。

MOVIE

『落日を恐れた町』

MOVIE

『13日の金曜日PART2』

KILLER KING FILE 008

ポルノ映画でスイッチオン！
異常性欲を持つ「黒い森の野獣」

ハインリッヒ・ポメレンケ

DATE ポメレンケは東ドイツのメクレンブルク、ハンブルグ、オーストリア、東ドイツのフライベルグで凶行に及んだ。

吹き出る血を浴びてオルガズムに

1937年、ドイツ出身。ハインリッヒ・ポメレンケは子供の頃からポルノ映画が大好きで、非常に性欲が強かった。15歳の時には、地元メクレンブルクのダンスホールの周辺を徘徊して、夜遊びに来る若い女性に痴漢をするようになったが、すぐにそれだけでは満足できなくなる。

すでに地元で若い女の子の敵と評判の立っていた18歳のポメレンケは、ハンブルクに逃げだし、ここでレイプ事件を起こす。彼はハンブルクでの2年間、若い女性をレイプし続けた。さらに、1958年にオーストリアでも、ポメレンケは2人の女性をレイプしている。

彼はポルノ映画を観て、映画館から出ると、自分の高まった性欲をコントロールできず、目についた女性を犯したくてたまらなくなるのだった。

1959年に、いつものようにポルノを観て興奮状態にあった彼は、偶然、見かけた18歳の美少女ヒルダ・クノーテに激しく欲情。

ストーキングして、人気のない公園に彼女がさしかかると、襲いかかった。抵抗する女子高生をレイプすると、ポメレンケは持っていたナイフでヒルダの喉を切り裂いて、吹き出る血を浴びてオルガズムに達するのだった。

続いてポメレンケは、やはりポルノを観た後に抑えきれないほど勃起させたまま駅に行き、イタリア行きの列車に乗った。コンパートメントを物色すると、ダグマール・ク

走る列車から突き落とし緊急停車させ被害者をレイプ

リメックという女子高生を発見。ポメレンケはしどけなく寝ている彼女に覆いかぶさったが、目を覚ました女子高生は逃げだした。

　ポメレンケは逃げる彼女を列車から突き落とし、緊急停車ボタンで列車を止めて、自分も列車から降り、線路際で失神しているダグマールちゃんを犯した。ヴァギナに中出しして満足した彼は、ナイフで女子高生をズタズタに切り裂いた。

　ポメレンケの被害者はさらに増えた。どの事件でも女性はレイプされ、ナイフで刺されていた。それでも足りずに、彼はフライベルクのブラックフォレスト（黒い森）地区に移動して、地元の若い女性を次々とレイプして、殺した。この地方では、連続レイプ犯を「黒い森の野獣」と名付けて恐れた。

　この地区のレイプ事件で逮捕されたポメレンケは、連続レイプ殺人を自白。彼はレイプ殺人10件、レイプ20件の他、暴行と強盗合わせて35件で有罪となり、140年の懲役となった。

ショック・カウンター

残虐度

フェチ度

衝撃度

殺人鬼もケダモノも女性を襲う

欧米の有名殺人事件が網羅された殺人事件辞典が『殺人紳士録』。索引は殺人の手口の項目別で、ポメレンケを引くには、「セックス殺人」の索引を見ればいい。ポメレンケは「黒い森の野獣」というあだ名だが、女性を襲う「獣」といえば、最近、映画にもなった「ジェヴォーダンの獣」が有名。1764年から3年間に、フランスのド田舎で起きた連続殺人事件で、女性と子供だけを襲って食い殺し、ズタズタにする巨大な「獣」が暗躍した。正体は謎のままで、実は人間が着ぐるみを着て犯した連続殺人との推理もある。

NOVEL

『殺人紳士録』

J・H・Hゴーデ＆ロビン・オーデル（河合総合研究所）

MOVIE

『ジェヴォーダンの獣』

10代の美少女を拷問3P
異常性欲の殺人カップル！

ジェラルド・ギャリコ&
チャーリーン・ウィリアムズ

DATE　２人が出会うまでの人生で共通している事はＳＥＸマニアだったこと。当然、出会ってから、２人で共有したのも享楽の世界だけであった。

13歳で6歳の女の子をレイプ 結婚後は8歳の愛娘をレイプ

ジェラルド・ギャリコは1946年、チャーリーン・ウィリアムズは1956年生まれで、どちらもアメリカ出身。ギャリコの父親は犯罪者で、警察官2人を殺害。その罪で、死刑になった。

そのため、彼は母子家庭で育ったが、子供の頃から、犯罪者的性格が現れ、13歳で6歳の女の子をレイプした。逮捕されたが、未成年のために釈放され、18歳で結婚する。

妻との間に一人娘が生まれるが、ギャリコは生まれた時から、娘を犯したくてたまらなかった。娘が8歳になると、ついにガマンできなくなって、レイプ。以来、毎日、幼い娘のヴァギナを凌辱し続けた。

当然、家庭生活は破綻し、離婚するが、ハンサムなギャリコは女に不自由することはなく、32歳までに7回も結婚している。その間に、彼はレイプ事件を起こし続け、レイプ、SM、近親相姦（あいかわらず、娘の肉体を貪っていたのである）などの罪状により、27の逮捕状が出ていた。

そんなギャリコと出会ったのが、22歳の美女チャーリーン・ウィリアムズだった。

チャーリーンはごく普通の中流階級の子女で、非常に頭が良く、ヴァイオリンの名手だった。周囲は彼女が将来、世界的なヴァイオリニストになるだろうと大きな期待をかけていた。だが、ハイスクールを卒業すると、チャーリーンは男漁りに精を出し、誰とでも寝る女になり、ドラッグと酒に溺れていった。

妻をセックスの虜にし10代の美少女を拉致・監禁

そんな彼女はギャリコと偶然出会って、その激しいセックスの虜になった。ギャリコはチャーリーンの肉体を飽きるまで味わい尽くすと、今度はセックス奴隷を調教して、3Pしようと提案。

チャーリーンも大賛成して、彼女はギャリコの好みの10代の美少女を言葉巧みに拉致・監禁。まず、ギャリコがレイプし、さらにチャーリーンが加わって、3P。この3Pには拷問も含まれ、犠牲者の少女はさんざん責められた上、ディルドーを装着したチャーリーンにも犯されるのだった。思う存分、愉しむと、ギャリコはセックス奴隷を射殺してしまった。

こうして、2人は次々とセックス奴隷を調達しては、SMプレイで調教。飽きると殺した。殺害された女の子は10人以上に上った。

逮捕された2人だが、実際に殺人を犯したのはギャリコだけだったため、彼は死刑判決を受け、現在もネヴァダ刑務所で執行を待つ身だが、チャーリーンは数年で釈放されて、自由の身となっている。

ショック・カウンター

残虐度	
フェチ度	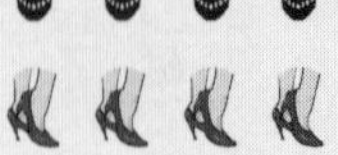
衝撃度	

倒錯したセックスは殺人鬼への一歩目なのか

『完璧な犠牲者』は異常性欲を持つ夫婦が、若い女性を拉致監禁して、特製の箱に閉じ込め、7年間、好きな時にセックスのオモチャにしていた事件の実話。この事件では、被害者は殺害されず、救出されている。

『平気で人を殺す人たち』のブライアン・キングはジョン・ウェイン・ゲイシーの絵の展覧会の開催とか、チャールズ・マンソンのインタビュー・ビデオを企画制作したりしている人物で、この本でも犯人の書いたメモや文書を公開しているが、倒錯したセックス殺人がほとんどである。

NOVEL

『完璧な犠牲者』

クリスティーン・マクガイア＆カーラ・ノートン（中央アート出版社）

NOVEL

『平気で人を殺す人たち』

ブライアン・キング
（イースト・プレス）

11人の男女を残虐に殺害 フランスの切り裂きジャック!

ジョセフ・ヴァシュー

DATE ギロチン台に昇るヴァシューは、これまでの残虐な犯行がウソのように、失神状態で処刑場に運ばれたという。

情緒不安定の問題児 自殺に失敗し顔面マヒ！

1869年、フランス出身。ジョセフ・ヴァシューは貧しい農民の15人兄弟の内のひとりだった。

軍に入隊していたこともあったが、その後はふらふらしながら、田舎を歩き回り、農家のほどこしで食っていた。幼い頃から情緒不安定で、問題行動が多かったという（後に本人は、子供の頃に狂犬に噛まれたことで、おかしくなったのだと主張しているが、実証されていない）。

24歳の時、銃で若い女性を撃ち、重傷を負わせる事件を起こす。その直後に自殺しようとするが、弾丸は内耳を貫通し、命は取り留めたが、その後遺症で顔面がマヒしてしまった。

この事件で、ますますおかしくなった彼は精神病院に送られた。しかし、翌年には完治したと診断されて、退院した（いいかげんな病院だ）。病気も完治し、シャバに出たヴァシューは、退院の翌月には、早くも初の殺人事件を起こしている。

ひとり殺害した後のヴァシューは、次々と殺人を繰り返すシリアルキラーに変貌するが、多くのシリアルキラーが殺す相手や手口に固有のこだわりを持っているのにもかかわらず、ヴァシューは被害者を絞殺したり、扼殺したり、ある時にはナイフでズタズタにするなど、一定していない。また、被害者も女性7人、若い男4人である。

女性でもレイプされていたり、いなかったりで、場合に

殺す手口にこだわりがなく残虐性がエスカレート！

よっては、腹を切り裂いて内臓を引っ張りだしたり、性器を切り取ったりと残虐性がエスカレートした。これらの被害者は3年の間に殺人され、死体が切り刻まれた。

この事件は「フランスの切り裂きジャック」事件とされ、警察は大捜査を行ったが、被害の様子がバラバラで、一定しないため、犯人の特定が困難だった。

しかし、1897年の夏、ヴァシューは森で女性をレイプしようとしたところを、その女性の夫に発見され、捕まってしまった。

この事件で彼は公然猥褻罪に問われたが、誰もその時まで、この男がフランスの切り裂きジャックだとは考えていなかった。

だが、当局はついにこの男に疑惑を持った。強硬に追求されたヴァシューは連続殺人を自白した。

本人は精神病により、犯行当時の責任能力がないと主張したが、結局、有罪となり、1898年の年末、ギロチンで処刑された。

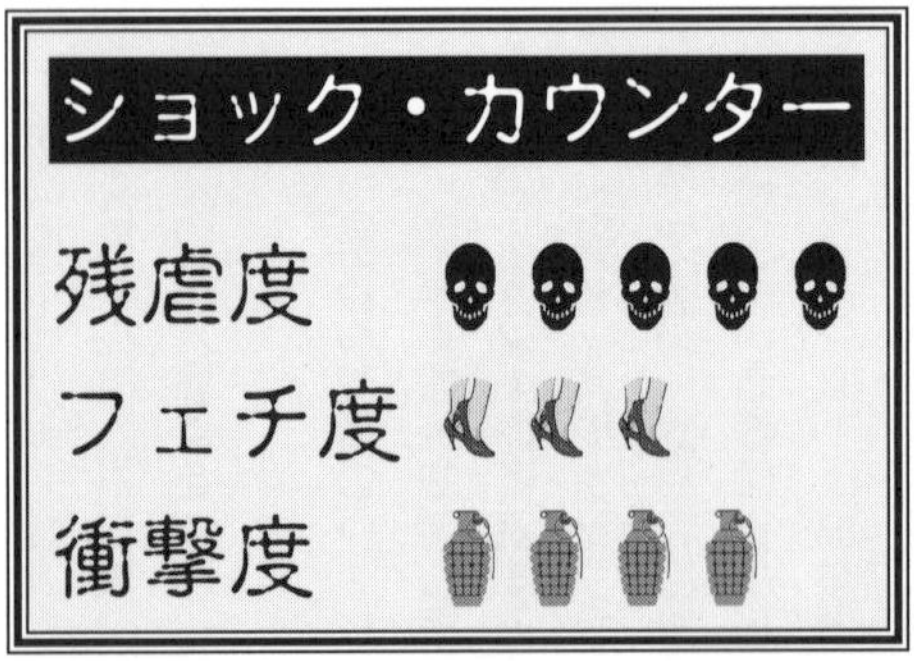

切り裂きジャックは殺人界のアイドル！

イギリスで悪質図書として発禁になった切り裂きジャックのコミックス『フロム・ヘル』が映画化されて話題になったおかげで、『切り裂きジャック最終結論』なんて本も出た。またしても、真犯人の新説が展開されている。

『フロム・ヘル』と同時期にイギリスで発禁になったのが、『ロード・ホラー』。イギリスを震撼させた大人向けのコミックスで、切り裂きジャックやスウィーニー・トッド、ドラキュラ、ナチスを合成したキャラ、ホラー卿がとにかく残忍な人殺しを続けるストーリー。

NOVEL
『切り裂きジャック最終結論』

スティーヴン・ナイト
（成申書房）

NOVEL
『ロード・ホラー』

デイヴィッド・ブリトン
（未訳）

リアル・スプラッターホラー！
愛人を食材として再利用

アンナ・ツィメルマン

DATE
部屋の中にグロテスクなペットたちを自由に徘徊させる性格が示すように、隣室に子供たちがいるにも関わらず、アンナの凶行は行なわれた。

ペットのエサのネズミを子供たちに食べさせていた！

1955年、ドイツ出身。アンナ・マルティナ・ツィメルマンはヴィルヘルム・ツィメルマンの妻で、6歳と4歳の子供がいた。ドイツの町モンヒェン・グラドバッハのアパートメントに一家は住んでいたが、アンナはホラー映画が大好きだった。

自宅の居間はホラー・ビデオの山で、壁はホラー映画のポスターだらけ。ヘビやトカゲやタランチュラをペットにして、部屋で放し飼いにしていた。床はペットたちが食ったネズミの残骸で血だらけであった。しかも、彼女はペットに与えるのと同じネズミをキッチンで料理して、子供たちに食べさせていた。

さらに、アンナはものすごい性欲の持ち主で、妻におねだりされ続けた夫は音を上げた。アンナは美容師のジョセフ・ヴィルツと浮気を始めたが、自分の負担が軽減された夫は大歓迎だった。アンナはジョセフを自宅に連れてきては、夫の目の前で激しくセックスした。この関係は2年続いたが、ついに夫は家を出て行った。アンナは愛人と爛れたセックスの日々を過ごしていたが、そんな幸せな日々にも終わりはやってくる。

1981年のある日、ジョセフが勃起しなくなってしまったのだ。キレたアンナはヴィルツに睡眠薬を飲ませて意識を失わせると、夫に電話し、チェーンソウを買ってくるように命じた。ヴィルヘルムがチェーンソウを持ってくると、アンナはヴィルツを浴槽で溺

勃たなくなった愛人を切り刻み1ヵ月食い続ける！

死させ、バラバラに切断。さらに肉切り包丁で切りわけて、冷凍庫に仕舞った。もちろん、食用にするためであった。アンナは1ヵ月間、愛人の肉を食い、子供たちにも食べさせて生活していた。

　1月経って彼女はヴィルツの頭や大きな骨を近所の公園に捨てた。これが発見され、事件が発覚。だが、警察が絞りこんだ容疑者は、かつて人肉食いで逮捕されたことのある、ホラー・マニアのヴィクター・クロンという男だった。彼は交通事故の被害者の女性を食った罪で、7年間、刑務所暮らしをした経験があった。クロンは「人食いは辞めた」と主張したが、身柄は拘束された。

　警察がアンナを発見したのはたんなる偶然で、捜査官が聞き込みで、アンナの部屋を訪れたからだった。アンナは捜査官をごく普通に部屋に案内したのだが、彼は室内の惨状を見て仰天。さらに、冷蔵庫から人肉が発見された。夫の証言もあって、アンナは逮捕され、精神鑑定の上で、懲役刑となった。

ショック・カウンター

残虐度

フェチ度

衝撃度

サイコな主婦のコワーイ日常生活を見ろ！

かつて美人女優だった姉に妹が陰湿な復讐をするサイコものの古典的名作が『何がジェーンに起こったか？』。老婦人同士の暗～いイビリあいがものすごい。姉のペットのカナリアやネズミを料理して食事に出したりする、妹役のベティ・デイヴィスはメイクいらずの怖い顔である。

一方、『シリアル・ママ』はヘンタイ監督ジョン・ウォーターズによる怪作。超マジメ、超ケッペキ症の主婦が、ゴミの分別がなっていないとか、家族の団欒を乱すとかの些細な理由で、隣人を惨殺しまくる連続殺人鬼コメディ。

MOVIE

『何がジェーンに起こったか？』

MOVIE

『シリアル・ママ』

億万長者は女装大好き！暴力的なトランスヴェスタイト

リチャード・シャープ

DATE

シャープは幼少の頃から、常に父親からの暴力におびえ、最悪の家庭環境で育つ。そんなトラウマを感じさせず、億万長者になった苦労人、だったはずだが。

家庭内暴力を振るい女装するハーバード大学卒の億万長者

1955年、アメリカ・マサチューセッツ出身。リチャード・シャープはマサチューセッツ州ボストンに住む美容成形外科医。彼は子供の頃に父親から暴力を振るわれ続けたために、常に不安な精神状態であった。

しかし、シャープは成績優秀な学生に成長した。高校時代には同級生のカレンという彼女もできた。そして、高校卒業と同時に、カレンとできちゃった結婚をする。

シャープはハーバード大学の医学部に進学し、妻のカレンは看護学校に進んだ。2人とも真面目な学生で、学業は優秀。シャープは医学部の大学院に残って研究を続けた。

院を出たシャープは美容整形外科医となり、脱毛クリニックを開業。これがヒットして、クリニックはチェーン店展開するほどに。さらに医療ソフトウェアの開発にも手を染め、これも成功を収めて、シャープは一躍、億万長者の企業家になった。この成功を受けて、母校ハーバード大医学部で教授を勤める名誉も得た。

すべてが順調に見えたが、裏でのシャープは家庭内暴力を振るう暴君で、妻や子供に殴る蹴るの暴行を加える毎日。

それだけでなく、シャープは女装するのが大好きなトランスヴェスタイトで、完全に女装した自分の写真を撮影したりしていた。自分に豊胸手術をして、巨乳にしようという計画もしていた。

おとなしい性格の妻はそれ

浮気現場目撃にキレ額にフォークを突き刺す！

に耐えていたが、限界が来たのだろう。夫の留守に浮気をするようになった。

1991年、帰宅したシャープは妻の浮気現場に鉢合わせしてキレ、カレンの額にフォークを突き刺すという事件を起こす。

シャープは精神病院に収容され、精神分裂症と鬱病、人格障害の診断を下される。だが、シャープは退院してしまう。

この事件の後、ライバル病院から告訴されると、シャープは資産を妻子の名義にして隠そうとした。ところが、2000年にカレンが別居し、離婚調停に入ったため、彼は資産を横取りされると思い込み、妻を脅迫するようになる。

裁判所は妻への接見禁止を発令したが、それを無視したシャープはカレンの家に侵入して、ライフルで射殺してしまった。

逮捕されたシャープは現在裁判中だが、刑務所内で囚人たちに100万ドル出すから脱獄しないかと誘ったり、子供たちに脅迫電話をかけたりと奇行を続けている。

ショック・カウンター

残虐度 

フェチ度 

衝撃度 

女装、勝ち組み殺人鬼の正体は多種多様

ヒッチコックへのオマージュに満ちた作品ばかり作る、ブランアン・デ・パルマ監督の『殺しのドレス』は、シリアルキラーが女装しているのがミソ。エレベーターでの殺人シーンが見物である。

大人向けダークファンタジー・コミックスの巨匠ニール・ゲイマンの代表作『サンドマン』シリーズ。「ドールズ・ハウス」では、作中で殺人鬼のコンベンションが催されるが、その主催者の殺人鬼は、本業が成功した歯科矯正医である。大量の殺人鬼がド田舎のホテルに集う異常なエピソードは必読。

MOVIE

『殺しのドレス』

NOVEL

『サンドマン4 ドールズ・ハウス』

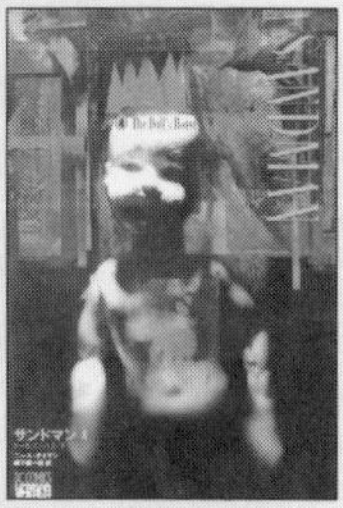

ニール・ゲイマン
（インターブックス）

ホテルで人肉料理を振る舞ったロシアの人喰い「鉄の牙」

ニコライ・ズマガリエフ

DATE ロシア・カザキスタンで実在したとされる、連続喰人鬼。収容先の精神病院を脱走したことで、その存在が明らかになる。

ステンレス性の義歯をつけ常時斧を持ち歩く紳士!

ロシア・カザキスタン出身。ロシア警察の秘密主義のため、出生や生い立ちは公表されていない。ズマガリエフは言葉遣いのきれいな、礼儀正しい男で、高級な衣服に身を包む紳士に見えるが、変わり者で、自分の歯にステンレス製の尖った義歯を装着していた。文字通りの鉄の牙であった。

これは、ちゃんと歯科医に注文して歯型を取ってつけてもらったもので、ズマガリエフはこれを非常に自慢にしており、カッコイイと思っていた。しかも、彼はただの変人ではなく、人食いのシリアルキラーだったのである。

ズマガリエフは地元カザキスタンのアルマータ地方で殺人活動に精を出した。彼は美女をナンパし、川沿いのデートに誘った。言葉巧みに人気のない辺りへ連れていくと、突然、残虐な殺人鬼に変身。いつもバッグに入れて持ち歩いている斧を使って、殴りつけて殺害。さらにアーミーナイフで切り刻んだ。

そして、バラバラにした死体から食用の肉を切り分けた後、残りの部分は川原で焼いて処分した。

住所不定のズマガリエフはユースホステルを泊まり歩く生活をしていたが、その時、宿泊しているホステルのキッチンで、持ちかえった女性の肉を料理して、食べていた。

また、同じホステルの客たちを夕食に招待して、人肉料理を振る舞った。彼の料理は大好評で、中にはズマガリエフの夕食会を心待ちにしてい

ユースホステルで人肉料理を大盤振る舞い！

る者もいた。

ある夜、ユースホステルに宿泊していた女性2人が泥酔して、ズマガリエフの部屋のキッチンに誤って侵入した。ちょうど、ズマガリエフは料理中だったが、運の悪いことに、その時作っていたのが、人肉料理だった。

女性たちはキッチンの流しに、女の頭と内臓があるのを目撃して、悲鳴を上げた。警察が呼ばれ、ズマガリエフは逮捕された。

警察の調べによると、ズマガリエフは数十人の女性を殺害して、その肉を食べて生活していたとされる。彼には身体的特徴から「鉄の牙」という、そのまんまのあだ名がついて、ロシア中を恐怖に陥れた。

ズマガリエフは精神異常と判定され、精神病院の最厳重病棟に収容されたのだが、1989年に脱走した。モスクワ警察はこの脱走事件を2年も経った1991年に公表している。公表段階ではズマガリエフは逮捕されておらず、その後の経緯もよくわかっていない（いいかげんな国だ）。

ショック・カウンター

残虐度

フェチ度

衝撃度

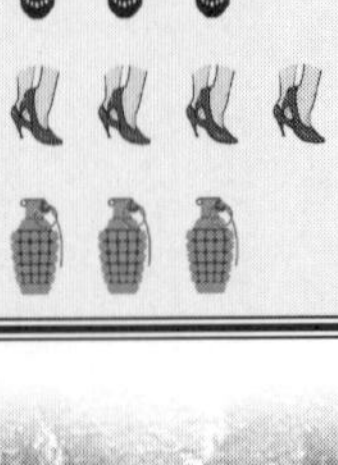

ジョーズのインパクトはズマガリエフに匹敵！

毎回、特殊な必殺技を持った敵と戦うジェイムズ・ボンドのこの映画での強敵は、鋼鉄の歯を持つ大男ジョーズ。プロレスラーみたいな怪力大男な上に、この人、口に鋼鉄の牙をつけているのだ。この鉄の歯で人を噛み殺したり、鉄格子を噛み切ったりと大活躍。一躍に人気者になった彼はラストで生き延び、次作のシリーズ最駄作ともいわれる『007／ムーンレイカー』にも再登場するが、最後の方で改心してしまうのが残念だ。しかも、恋人までできるというのは、どうなの。

MOVIE

『007／私を愛したスパイ』

Z級NEWS KING

生きている魚を販売して罰金!?

「不況」「テロ」「汚職」と暗～い報道が多く
ニュース離れしているアナタ！
そんなアナタに「心あたたまる情報」（大嘘）を注入！
まっ読んで見てよ！

いくら何でも時間かかりすぎだろ！

THE WORLD NEWS

過去からの通知

インド・西ベンガル州の役所から「就職応募の履歴書が受理されました。面接を行います」という通知を受け取ったのは、コルカタで菓子店を経営するラビンドラ・ハルダーさん（52）。しかし、応募書類は34年前に出されたものだった。

この通知を受けたハルダーさんは「書類を出したのは1968年のこと、とっくにあきらめていました。私は歳なので、役所の仕事はもう結構です。うちの息子が4年前に書類を出していますが、彼が私より幸運であることを祈りたい」と話した。

インドのアミン労働大臣は取材に対し「インドには77も州があり、550万人が就職応募の登録をしています。時間がかかることもあります」と話している。

「凶器」丸見えだもんなぁ。
全裸強盗団現る！

THE WORLD NEWS

全裸の強盗団がバングラデシュ南部の村を襲い、驚いた女性たちが逃げ出したあとの民家や商店から金品を強奪してまわる事件があった。

地元紙によると、事件が起きたのは首都ダッカから南約350キロのイスラムプール村。目撃者は「男たちはみんな体格がよかった。居合わせた女性たちは恥ずかしさのあまり、その場を逃げ出してしまい、おかげで男たちは、好き勝手に金品を物色した」と語った。12人はみな銃を持ってはいたが、発砲することもなく強盗に成功。通報を受けた警察が到着する前に、近くの森に逃げ込んだ。 別の目撃者は「これは新手のテロです。強盗は男のふりをした怪物に見えた」と恐怖のほどを語ったという。

俺の気持ちだよ！（ケータイより）
携帯電話の明細に「ごう慢野郎に罰金」

THE WORLD NEWS

ニュージーランドに住むサラリーマンが携帯電話の明細を見て目が点になった。「ごう慢野郎に罰金」として337.50NZ＄（約1万8500円）が請求されていた。

地元紙の報道によると、請求書を男性に送ったのは同国最大手のテレコムNZ。請求を受けた男性も驚いたが、苦情を受けた同社はもっと驚いた。「ごう慢野郎に罰金」などという請求項目があるはずもなく同社は平謝り。内部調査に乗り出した。

実は同社と男性の間には、所持する携帯電話が勝手に解約されていたり、男性が経営する会社が電話帳に出した広告をめぐるトラブルもあったが、真意は不明。男性はテレコム社に、そんなジョークを送ってくる友人もいないと語った。

30人の誰かが女子事務員に…？
男性を含む30人に「おめでたです」

THE WORLD NEWS

英国中部の病院が誤って、男性のお年より6人を含む患者30人に「おめでたです」と知らせる手紙を送っていたことがわかった。

チェスターフィールド・北ダービーシャー王立病院によると、手術期日が延期になった患者にコンピューターで通知を送る決まりになっている。延期理由に「妊娠しているため」という選択肢があり、女子事務員が間違ってこの「妊娠しているため」を選んで、患者30人に手紙を発送してしまったという。中には、男性高齢者6人も含まれていた。もちろん、誰も妊娠していなかった。「おめでたです」通知を受け取ってしまった患者30人は、予定通り手術は受けられるという。

北京の切り裂きジャック
売春婦14人を殺害

THE WORLD NEWS

建築現場に務めるミキサー車運転手ホア・ルイジュオが4年間に14人の売春婦を殺害したとして逮捕された。

ホアは夕方6時から、朝の6時半まで夜勤を真面目にこなす黒竜江省出身の男だった。だが半年以上親密につきあい、結婚を前提にしていた相手に浮気され、性格が豹変。深夜ミキサー車を運転中に、路上で客引きをしている売春婦をみると憎悪を燃やし、そのまま突進して、一晩で4人の売春婦をひき殺したことも認めた。また客として近づき、工具で撲殺したケースもあった。いずれも死体は北京市内のゴミ埋め立て地や、用水路に遺棄した。そのうちの一体がたまたま発見され、逮捕された。

右手一本4億円？
スターバックス350万ドル支払命令

THE WORLD NEWS

世界最大のコーヒー店チェーン「スターバックス」で後遺症の残る大やけどを負った女性が、同社に損害賠償を求めていた裁判で、ニューヨーク州地裁の陪審は350万ドル（約4億6600万円）の賠償支払いを命じた。

訴えによると、原告のドーン・サンペリージさん（36）は、自宅近くのスターバックス店でエスプレッソコーヒーの器具を買おうと計画。店員が操作を説明していたところ、突然爆発して右手に大やけどを負った。事故はコーヒーの粉を入れたフィルターがしっかりと固定されていなかったためで、店員に十分な教育をしていなかったことが原因として460万ドルの賠償を求めていた。

救急車でピザを緊急搬送
病院にピザ持ち込み禁止

THE WORLD NEWS

ナポリにあるイタリア南部最大の病院、カルダレリ病院はこのほど、勤務中の医師の病院内へのピザの持ち込みを全面的に禁止、守衛に見つけ次第取り上げるように指示した。

「病院はピザ屋じゃないし、衛生上問題がある」というのが表向きの理由。しかし本当は、2カ月前に市内のほかの病院の看護婦が、ピザを医師に買って帰る際に救急車を利用、大騒ぎになったのがそもそもの発端とか。

南部の病院では、スタッフ全員がサッカー観戦に夢中になり、患者が何時間もたらい回しされることもたびたびあり、笑っては済まされない出来事が頻発している。

飛んだハプニング！ 飛行機のトイレに吸い込まれる①

THE WORLD NEWS

デンマークのスカンジナビア航空は、スカンジナビア半島から米国へ向かう同社のボーイング767型機を利用した女性乗客から、トイレに関して苦情を受けていることを明らかにした。

この女性は、トイレで用を足したあと、座ったまま「水洗」のレバーを押してしまった。飛行機のトイレは、電気掃除機のように汚物を吸引する仕組みだが、運悪くこの女性の尻も吸い込まれ、女性は便器から立ち上がることができなくなってしまった。

「女性は、米国の空港に機が到着し、救援の職員が来るまでの長い時間、トイレにいたままでした」と同航空の広報担当者は話している。

ハプニングが飛んだ 飛行機のトイレに吸い込まれる②

THE WORLD NEWS

デンマークのスカンジナビア航空（SAS）は、お尻が便器にはさまれ、長時間閉じ込められたと発表していた「事故」はまったくの虚偽であることが判明したと述べた。

同社は当初、同社便を利用した女性乗客が、トイレに関して苦情を出した事実を明らかにしていた。SASスポークスウーマンは「虚偽の事実をあたかも真実のように発表したことは残念だ」と述べた。

女性乗客が架空話を述べたのか、SAS側の手違いによるものなのかどうかは分かっていない。

リスボンの獣 ライオンに噛まれ死亡

THE WORLD NEWS

リスボンの動物園で、61歳の男性が制止を振り切ってライオンが10頭もいるところへ侵入し殺されるという事件があった。自殺とみられている。

動物園側によると、この男性は5ヤード（約1.5メートル）もある柵を乗り越えて、ライオンが飼われているところに降り立った。男性は、ライオンをからかったりせず静かに立っていたが、10歳のメスライオンなどに襲われ、首の骨が折れて死亡した。

警察によると、男性は最近、息子が自殺したことにショックを受けていたという。

拳銃がダメで爆弾にしたんだ！
愛犬のご奉仕

THE WORLD NEWS

「床に転がったかと思うと、煙まで出てきたんだ」とその恐怖を語るのは、サンパウロから約100キロ北の街に住むモタさん。好奇心旺盛な愛犬がくわえてきたのは、手りゅう弾だった。

白・黒ブチ柄の愛犬の口から転がり落ちた手りゅう弾は、モタさんの目の前で止まった。煙は出たものの錆びついていて、幸いにも爆発せずにすんだ。

実はこの愛犬、自転車のホイールをくわえて帰ってきたかと思えば、22口径のリボルバーを拾ってきたこともある根っからの「金属フェチ」。モタさんによると「あとくわえてきたことがないのは、おカネだけ」らしい。

「あと1年」もガマンできねぇよなぁ
国王が罰として牛一頭差し出す！

THE WORLD NEWS

アフリカ大陸南部にあるスワジランドの国王ムスワティ3世は国民に課した純潔の掟に自ら違反した罰として、牛1頭を国民に差し出した。

ムスワティ国王は英国のドーセットで教育を受けた開明派。同国でのエイズ蔓延を少しでも阻止しようと、部族の昔の風習であるアムチワショの掟を復活した。これは18歳以下の女性に性交渉だけでなく、男性が手を触れることさえ禁止する掟。

ところが、国王は王家の宴会の席で17歳の少女を見初め、9番目の妻に迎えてしまった。当然、掟違反となり、罰として牛1頭を差し出す羽目に。国民はこの牛を焼いて食べ、国王の結婚を祝ったという。

ドイツもこいつも
キャビアで辞任

THE WORLD NEWS

シュレーダー首相の外交・安全保障政策顧問を務めていたミヒャエル・シュタイナー氏（51）が、高級珍味キャビアをめぐるいざこざがもとで辞表を提出したと報じた。

報道によれば、首相の中央アジア諸国歴訪に同行していた同氏は、政府専用機の給油のために立ち寄ったモスクワ空港で、乗員の独連邦軍兵士に本場のキャビアを所望。この兵士が断ったことに腹を立て、「間抜け」などと何度も雑言を浴びせた。この兵士が告発に踏み切ったため、騒ぎが表面化した。

外務省出身の同氏は、首相の側近中の側近だったが、尊大さが敬遠されて地元メディアの受けは散々で、同情的な論調を掲げる新聞は全くなかった。

ホントに5人だけ？
13歳の少女の父親候補が5人

THE WORLD NEWS

13歳になったばかりの少女が妊娠したと通報を受け、警察が捜査したところ、5人の男が容疑者として浮上。

英北部、サウスヨークシャー州ロザラムは10代の妊娠率が英平均の1.5倍と異常に高いことで有名。住民も慣れっこな話題だったはずが、今回のケースは様子が少し違った。容疑者全員が少女と性交渉を持っており、少女自身も誰が父親か分からないと証言。5人の男は16〜26歳の男。既婚者までも名を連ねた。同州では同意の上で行われていても、相手が12歳以下との交渉はレイプ罪が摘要される法律がある。事件発覚時は13歳だが、行為事態は12歳で行なわれているため摘要対象となる。

大人しくしたジョ〜〜！
小便で最高20年の懲役刑

THE WORLD NEWS

ニューヨークからアルゼンチン・ブエノスアイレスに向かうユナイテッド航空機の乗客が、機内で小便をしたとして起訴された。

この乗客はニューヨークのウエイター、ロドリゴ・ディームブロジオ被告。同機が離陸して2時間後、被告が客室乗務員に暴言を吐き席に戻ることを拒否。「おとなしくしてないと、飛行機は着陸することになります」と警告されると、自分が座っていた席に小便をした。 結局、同機は途中のマイアミに緊急着陸し逮捕された。同被告は「搭乗前に、酒と睡眠薬、コカインを飲んでいた」と話したという。同被告は有罪になれば、最高20年の懲役刑に処されることになる。

それじゃ魚の「活き造」は死刑か!?
生きている魚を売って罰金

THE WORLD NEWS

フィンランドの裁判所はこのほど、まだ生きている魚を売って魚に必要以上の苦痛を与えたとして、鮮魚店主に対し、罰金と訴訟費用約1300マルカ（約2万5000円）の支払いを命じた。ヘルシンキの地元紙が報じた。

鮮魚店主は、ヘルシンキの市場でタラを売っていたが、ピチピチはねる魚を見た客の獣医が「残酷だ」と警察に通報、起訴された。店主は「新鮮な魚を売ろうと思っただけなのに…」と罰金刑に絶句しているという。

「服装規範」に従わなければ脱がせてもいい!?
街頭で女性を襲い全裸に

THE WORLD NEWS

アフリカ南部、ザンビアの首都ルサカの警察当局は「ミニスカート」や「ズボン」を着用していた数十人の女性を街頭で襲い、全裸にする振る舞いを犯した与党・複数政党民主主義運動（MMD）のメンバー20人を逮捕したと発表した。

地元紙によると、この行動に加わったのは数百人に及ぶ若者が中心で、ムワナワサ大統領が示した女性の服装規範に従ったものと主張しているが、大統領は規範の存在を否定している。この「服装規範」の詳細については伝えられていない。大統領スポークスマンは若者の行為を女性の服装の自由を蹂躙するものと非難、法に則って処罰されると発表した。

ビガビガビガ～～～！（怒）
ポケモンでムチ打ち、罰金

THE WORLD NEWS

サウジアラビアの宗教当局は、イスラム法に基づき、任天堂の人気商品である『ポケモン』のゲームやカードの販売、所持などの禁止を命じた。

命令では、ポケモンのビデオゲームなどが子供の心をとりこにしているほか、パレスチナの地にユダヤ人国家を建設するシオニズム運動に関連する記号が使われているためなどとしている。違反者にはムチ打ち、罰金などの処罰が科されるという。

同国内の店やレストランでは、子供用商品やおもちゃにポケモンのキャラクターが使われている。任天堂側はポケモンには宗教的なシンボルは使用しておらず、そのような意図でも製作していないとしている。

舌は入れたの？
56歳の「キス魔」を逮捕

THE WORLD NEWS

カナダの中心都市トロントの警察は、女性や少年多数をはがい絞めなどにし、キスを浴びせていた56歳の男性を逮捕した。被害者の数は不明だが、警察は「たくさんの、本当にたくさんの人間が襲われているだろう」とため息交じりで報告している。

調べによると、この男性は上品な服装で身を固め、通りで被害者を物色。狙った女性などに近づいて、お世辞を入れた会話を始め、握手を求めたところで体を引き寄せてはがい絞めにし、目当ての唇を奪っていた。地元マスコミは「キス魔」と呼んで報道していた。逮捕容疑は性的暴行罪で、最新の被害に遭った女性が、男が現場を立ち去る前に警察に通報、拘束した。

殺人鬼ファイルPART2

KILLER KING FILE 014

生きたままナイフで首を切断！正体不明の連続殺人鬼

ヘッド・ハンター

DATE 首を切り落とすコトで致命傷を与える残虐な殺害を繰り返す正体不明の殺人鬼。３つのあだ名が示すその暴力的な犯罪はアンタッチャブル、エリオット・ネスも解決出来なかった。

首とペニスが切り落とされ死体は薬品で防腐処理

アメリカ・オハイオ州のクリーヴランドで連続殺人を犯した犯人。通称「ヘッド・ハンター」あるいは「キングズベリー・ランの狂気の虐殺者」または「ゲイロード・サンドハイム」と呼ばれる。最終的に逮捕されなかったシリアル・キラー。

1935年9月、オハイオ州クリーヴランドの都市キングズベリー・ランで、最初の死体が発見された。被害者は全裸の白人男性で、首が切り落とされていた。また、両腕とペニスも切断されており、死体の横にきちんと並べられていた。すぐ近くでも、首と性器を切断された男性の死体が発見され、地中に埋められた2つの頭も見つかった。

被害者はアルコール中毒者とポン引きだった。死体は薬品で防腐処理されていた。また、検死の結果、被害者たちは生きたまま、首を切断されたことがわかった。4ヵ月後、女性の右腕と下半身が発見された。被害者は売春婦。マスコミは犯人に「キングズベリー・ランの狂気の虐殺者」「ヘッド・ハンター」というあだ名をつけた。

ついに、シカゴのギャングを一掃したことで有名なアンタッチャブルを率いるエリオット・ネス公共治安局長が捜査に乗り出した。クリーヴランドのギャングと抗争を繰り広げていたネスは突然、正体不明のシリアルキラーというまったく未知の敵を相手にしなければならなくなった。

1936年6月、若い男性

アンタッチャブル、エリオット・ネスが捜査を担当！

の頭が発見され、続いて首とペニスを切り取られたホームレスが見つかった。1937年にも、黒人女性の死体や、バラバラに切り裂かれた男性の死体などが発見された。

　苛立ったネスは犯人が貧民街で犠牲者を選んでいることに目をつけて、キングスベリー・ランの貧民街を一掃し、住居を焼き払った。これでしばらく事件はなりを潜めた。

　ネスは慎重に容疑者を推理し、自宅と車を所有し、医学知識のある大柄な男性という当たりをつけた。彼はクリーヴランドの上流階級を捜査し、元・医師で、精神病歴のある人物に容疑を絞った。

　ネスはこの男を「ゲイロード・サンドハイム」と呼んで、身辺を調査したが、突然、この男は自分で精神病院に入院してしまった。以来、ピタリとヘッド・ハンター事件は止んだ。ネスのもとには、「パラノイド・ネメシス（偏執狂の敵）」と署名のある嫌がらせの手紙が2年間も配達された。2年後に病院で「サンドハイム」が自殺すると、手紙は来なくなった。

ショック・カウンター

残虐度

フェチ度

衝撃度

読めば唖然とする怪作『ヘッドハンター』

コリン・ウィルソンの「殺人ライブラリー」PART3は、犯人が逮捕されなかった迷宮入りの殺人事件の事例集。ニューオーリンズのアックスマンから、クリーブランドのヘッド・ハンター、ブラックダリア事件などが取り上げられている。犯人のあだ名と同じタイトルのマイケル・スレイドの超サイコ小説の方は、当然、女性の首を切断する連続殺人事件が起きる。新聞社には犯人「ヘッドハンター」から、持ち去られた首の写真が郵送されてくる。果して狂気は隔世遺伝するのか？　読めば唖然とする怪作。

NOVEL

『殺人の迷宮』

コリン・ウィルソン
（青弓社）

NOVEL

『ヘッドハンター』

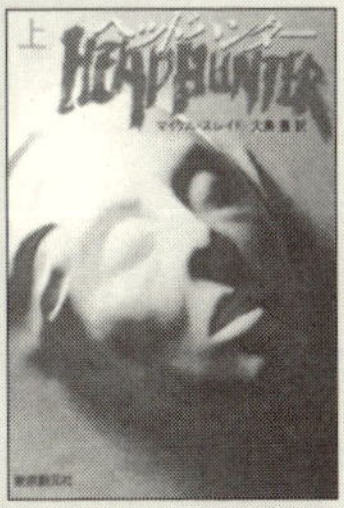

マイケル・スレイド（創元推理文庫　創元ノベルズ）

性欲解消のために射殺する「デュッセルドルフのカップル殺し」

015

ウェルナー・ボースト

DATE

アベック連続殺人犯ボーストは拳銃の早撃ち以外にも、ドラッグや毒物にも興味を持ち、凶行に使おうと研究を続けていた。

西部劇の早撃ちのように腰の付近から射撃！

　1928年、ドイツ出身。旧・西ドイツと東ドイツの国境近くに住んでいたウェルナー・ボーストは、第2次世界大戦の直後、東側から西側への亡命者の手助けをして、金銭を得ていた。1950年に、この仕事で得た金を持って、デュッセルドルフに引っ越した。

　ボーストはこの町で泥棒となり、さらに墓地を掘り返して、死体から貴金属を盗んだりもした。この墓地荒らしは発覚し、ボーストは逮捕されている。

　刑期を終えて出所したボーストは、車強盗になる。パートナーのフランツ・ロールバッハと共に、彼は目を付けていた弁護士の車を襲って、金品を強奪した上、被害者を射殺した。

　ボーストは銃が大好きで、射撃と早撃ちの練習を積んでおり、この時も西部劇の早撃ちのように腰の付近から射撃したために、弾丸は弁護士の顎から入って、右のこめかみへ貫通。発見された死体の弾丸の角度が奇妙だったので、警察は頭を悩ませた。

　ボーストはドラッグ浸りになっており、完全に正気を失っていた。自分でドラッグを摂取するだけでなく、実験室を作って、薬物実験に夢中になった。彼は現実と空想の区別がつかなくなっていった。

　相棒のロールバッハもあまりのボーストの異常さに辟易するようになったが、拳銃の名人であるボーストに殺されるのではないかという恐怖で

カップルを見ると激しく欲情 被害者を射殺しながら射精！

いうことを聞いていた。

1955年にはボーストたちは車の中でペッティングしていたカップルを襲って、銃殺した。この時期には、ボーストはイチャつくカップルを見ると、激しく欲情し、その性欲を解消するために銃を使うという倒錯した理由で殺人を犯すようになっていた。強盗はついでだった。

ボーストはカップルを見ると後を尾行し、人気のない場所で男女がからみあうと、襲いかかって銃撃した。被害者を射殺すると、それだけで彼は射精した。それだけでは納まらず、殺したカップルの頭を鈍器で潰し、火を点けて焼いた。この事件は「デュッセルドルフのカップル殺し」と呼ばれるようになる。

犯行は続いたが、カップルを襲っているのを森林警備隊に発見され、得意の早撃ちで警備員を射撃したが、運良く弾丸は外れて、逮捕された。

ボーストは有罪となったが、西ドイツで死刑が廃止されていたため、終身刑止まりだった。ロールバッハは6年の禁固刑となった。

ショック・カウンター

残虐度

フェチ度

衝撃度

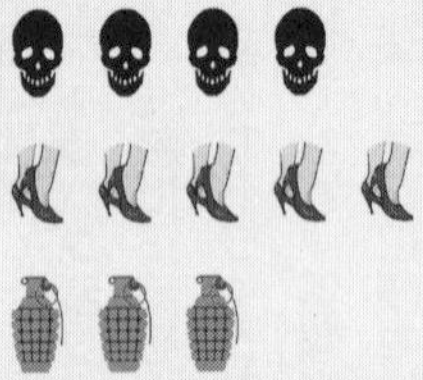

『ハロウィン』のマイケルもカップルを襲う殺人鬼

車に乗ったカップルがイチャついているのを見ると殺したくなるというボーストの性向は、きわめて「サムの息子」こと、デイヴィッド・バーコウィッツに近いものがある。バーコウィッツに関しては、『連続殺人者』が詳しい。また、肉体関係のある若いカップルだけが殺人鬼に襲われるのは、スプラッター・ムービーのルール。その原型を作ったのが、『ハロウィン』シリーズで、殺人鬼のマイケルはセックスしているカップルしか殺さない。以来、この手の映画では、処女だけが生き残れることになった。

NOVEL

『連続殺人者』

タイムライフ編（同朋舎出版）

MOVIE

『ハロウィン』

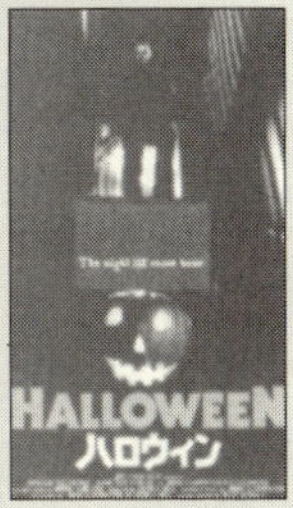

セックス奴隷に飽きると
ミンチにしてソーセージ！

ゲオルグ・カール・グロスマン

DATE

ドイツ・ベルリンに在住していたとされる殺人鬼。間借りしていたアパートに、自分専用の入口と台所の独占使用を要求し、犯罪が露見するのを防ぎ、50人以上を殺害したとされる。

動物相手に獣姦 幼児虐待で逮捕歴も！

1863年、ドイツ・ニュールピン出身。その生まれや育ちについてはほとんどわかっていないが、若い頃から子供を襲ってレイプしたり、SM行為に耽り、動物相手に獣姦するなどを繰り返していた。幼児虐待の罪で何度となく有罪となり、刑務所や精神病院とシャバを行ったり来たりする人生だった。

グロスマンは無口な大男で、ベルリンのシェレジェン鉄道のターミナル駅の近くのアパートに一人暮らしをしていたが、前科や精神病の病歴によって、徴兵されず、物乞いなどをして生活していた。彼は元・肉屋だったとする説もある。

1914年頃から、グロスマンはターミナル駅付近をうろつき、1月に2回到着する長距離列車を待った。長距離列車が到着するとホームで待ち伏せ、都会に職探しに来たとおぼしい田舎娘を物色。中でも、肉付きのいい女の子に狙いを定めると、自分は独り暮らしなので、メイドが必要なのだと申し出た。

メイドの仕事にありつけたと喜ぶ娘を、アパートに連れていくと、グロスマンは紳士的な態度から豹変。泣き叫ぶ田舎娘を全裸にしてレイプした。彼は騒ぐと殺すぞと脅迫して、数日間、飽きるまでセックスの奴隷にし、その後、肉切り包丁で切り刻み、殺害。

もとは肉屋だったともいわれる慣れた手際で解体し、肉を自分の食用と、販売用に切りわけた。販売用の人肉は塩

販売用に人肉を塩漬け ホットドッグにも加工？

漬けにした後、ミンチにして、ソーセージを作り、肉屋に卸した。また、ホットドッグにして、ターミナル駅で売ったともされる。

そして、自宅に備蓄した女の子の肉を料理して、日々の食生活に役立てていた。

1921年の8月に、グロスマンの部屋のキッチンで女性の悲鳴と争う音を聞いたアパートの大家が警察に通報。警官が部屋に踏み込むと、グロスマンはたった今、殺したばかりの女の子の死体を解体しようとしているところだった。

彼の部屋からは女性3人分の肉が発見された。彼は日記をつけており、殺害した日にちや、被害者の名を記録していた。彼は7年間で50人以上を殺して、食べていたと考えられている。

グロスマンはギロチンによる死刑判決を受けたが、それを聞いて大笑いしたという。しかし、死刑は執行されることはなかった。グロスマンが刑務所内で首吊り自殺したからだ。

ショック・カウンター

残虐度 

フェチ度 

衝撃度 

食人は人類の本能 究極の食材なのか？

ブライアン・マリナーの本は古代の人類が行った人食いから、呪術的な食人儀式、そして、極限的状況でのやむをえない食人と人類の歴史を追って、最後に快楽殺人鬼の人食い事件の実例を上げて検証する。ハンニバル博士の大先輩たちが多数登場する。

『血の祝祭日』は血糊の帝王、ハーシェル・ゴードン・ルイス監督の代表作。エジプト料理レストランのオーナーが自分はファラオの生まれ変わりだと思い込み、若い女の子を殺してその肉や内臓を料理。古代エジプトの神への生贄にする。

NOVEL

『カニバリズム』

ブライアン・マリナー
（青弓社）

MOVIE

『血の祝祭日』

切り裂きジャックの容疑者は3人の女性を毒殺した殺人鬼

ジョージ・チャップマン

DATE チャップマン逮捕を聞き、切り裂きジャック担当の捜査官、アバーラインが「ジャックを捕まえた」と叫んだ。

女体を責め苛み毒薬を飲ませ殺害！

ポーランド出身。ジョージ・チャップマンこと、本名セヴリン・クロソウスキーは、ポーランドで大工の息子として生まれた。

成長したクロソウスキーは、イギリス・ロンドンに移住する。この時にジョージ・チャップマンと改名する。チャップマンがロンドンに出てきたのは、1888年。この年は、ロンドンのイーストエンドで、謎のシリアルキラー、切り裂きジャックが暗躍する年である。

チャップマンは、そのイーストエンドの貧民街で、理髪店に勤務していた。1889年に結婚して、アメリカに移住する。しかし、1898年に離婚して、ロンドンに舞い戻っている。

ミセス・イザベラ・スピンクなる金持ちの女の不倫相手となったチャップマンは、女に金を出させてパブを開業する。チャップマンはサディストで、女体を責め苛むのを好んだ。

しかし、1897年末、チャップマンはイザベラにアンチモンという毒を飲ませて、殺害する。イザベラは激しい嘔吐と腹痛に苛まれながら死亡した。

翌年になると、彼はパブの美人ウェイトレス、ベッシーに毒を少しずつ盛り始めた。彼女は謎の病気で、3年間も寝たきり生活を送った後、死亡した。医者は死因を特定できなかった。

ベッシーが病気で店を辞めた直後、チャップマンは新し

切り裂きジャックの容疑者に上がっていた毒殺魔

いウェイトレス、モードを雇い入れるが、彼女も突然、謎の病気となる。もちろん、チャップマンがアンチモンを盛ったのである。

モードの母親が疑惑を抱くが、医者は毒物を発見できなかった。結局、モードも死亡。さすがに、3人も連続して周囲で謎の死を遂げた女がいては、チャップマンに疑惑がかかるのは当然であった。

警察はベッシーとモードの死体を掘り起こし、検死解剖を行い、ついに死体からアンチモンを検出した。チャップマンがアンチモンを含む吐酒石剤を薬局で買っていたこともわかった。逮捕されたチャップマンは1903年、絞首刑になった。

このチャップマンが切り裂きジャックの正体だとする研究者は多い。当時の警察内部にも、そう信じている関係者がおり（逮捕時に同行した警視が「ついに切り裂きジャックを捕まえた！」と叫んだという）、最初は切り裂き殺人をやっていたが、逮捕されるのを恐れて、毒殺に切り換えたのだと主張している。

ショック・カウンター

残虐度

フェチ度

衝撃度

毒薬に魅せられた殺人鬼たち

『毒殺百科』は人食い研究本『カニバリズム』の著者でもある元・犯罪者の犯罪研究家マリナーの本。今度は毒殺の歴史と毒の種類、毒殺殺人鬼を要領よくまとめている。しかも、使用された毒薬別に章が別れている親切編集。

もう1冊は、1820〜1970年代をカバーする殺人事件大辞典の新版。といっても、項目が増補されているわけではなく、字が大きくなって読みやすいというだけなのは残念だ。チャップマンの事件は、毒殺の「アンチモン」の項目に収録。彼の肖像画も載っている。

NOVEL

『毒殺百科』

ブライアン・マリナー
（青弓社）

NOVEL

『新版　殺人紳士録』

J・H・Hゴーデ＆ロビン・オーデル（中央アート出版）

018

ＳＭ、３Ｐの残虐カップル！
少年少女殺害「ムーア殺人事件」

イアン・ブレイディ&マイラ・ヒンドレー

DATE イアンとマイラは1963〜65年までの間に５人の少年少女をレズ、ホモ行為の後に殺害。被害者を残虐になぶり殺す記録はもちろん、ふたりで頭巾を被ってＳＥＸに耽る記念写真も残した。

ナチとサドに心酔し処女をセックスの奴隷に

1938年、イギリス・グラスゴー出身。イアン・ブレイディはウェイトレスの私生児として生まれ、子供の頃から金持ちが大嫌いだった。13歳から盗みを始め、母親の再婚に伴い、マンチェスターに引っ越した後、少年院送りになったこともある。

21歳の時、科学薬品工場の在庫管理の職に就く。ブレイディは身長が低いのがコンプレックスで、気が弱い男だったが、実は頭が良く、読書好きのインテリだった。ただの読書好きではなく、アドルフ・ヒトラーの『我が闘争』をドイツ語版で読みこなす実力があった。また、マルキ・ド・サドの『悪徳の栄え』を読み、その思想にのめり込んだ。ブレイディはナチの優等人種優越説にのめり込み、現実逃避していった。

同じ頃、ブレイディは同じオフィスに勤務するタイピストのマイラ・ヒンドレーと交際しはじめる。ヒンドレーは学歴がなく、内気な性格で、難しい原書を読みふけるインテリ男に恋したのである。

処女を捧げたブレイディにヒンドレーは心酔し、彼のナチ仕込みの選良思想やサド侯爵の悪の思想を受け入れた。ブレイディはなんでも言うことを聞く彼女をセックス奴隷にしてサドマゾ行為に耽り、それを写真に撮っていた。

自分をヒトラーと同一視しはじめたブレイディはついに殺人を実行に移すことにする。ヒンドレーに16歳の女の子をサドルワース・ムーア（荒地）

10代の少年少女をレイプ殺人
恐怖の「ムーア殺人事件」

に連れださせたブレイディは少女をレイプし、首を切り裂いた。その後も、10代の少年少女を、やはり同じムーアに連れだし、レイプして殺した。ヒンドレーも殺人に手を貸し、少女相手にレズ行為に耽った。この犯行は「ムーア殺人事件」と名付けられ、子供を持つ親たちを恐怖に陥れた。

また、10歳の少女をヒンドレーの自宅で全裸にした上、SM行為の奴隷にし、殺すまでの一部始終を写真撮影し、音声を録音して記録した。犯行を終えた2人は家でこのテープを聴きながらセックスするのだった。

1965年にブレイディはヒンドレーの義弟を共犯に引きずり込もうと企み、自分が17歳のゲイの少年を斧で惨殺するのを見物させたが、義弟はこれを両親に告白。ブレイディとヒンドレーの犯罪が明るみに出た。

殺人テープは法廷で再生され、その残虐な音声を聴いた陪審員を呆然とさせた。5件の事件の内、立証された3件の殺人で2人は終身刑となった。

ショック・カウンター

残虐度 

フェチ度 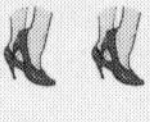

衝撃度 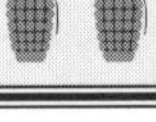

共犯者ヒンドレーを考察しブレディを紐解く

怪奇小説アンソロジーの古典『怪奇と幻想』（全3巻）だが、ノンフィクションも充実していて、「沼地の殺人鬼」マイラ・ヒンドレーの実録記が収録されている（他にジョン・ジョージ・ヘイの手記などもある）。なぜか、主犯のブレイディではなくて、共犯のヒンドレーの方にスポットライトを当てているのが注目される。

『女性殺人者たち』でも、取り上げられているのはヒンドレーで、それだけ女性の殺人鬼がめずらしいってことだろうか。しかし、ブレイディの立場はどうなの？

NOVEL

『怪奇と幻想』

（角川文庫）

NOVEL

『女性殺人者たち』

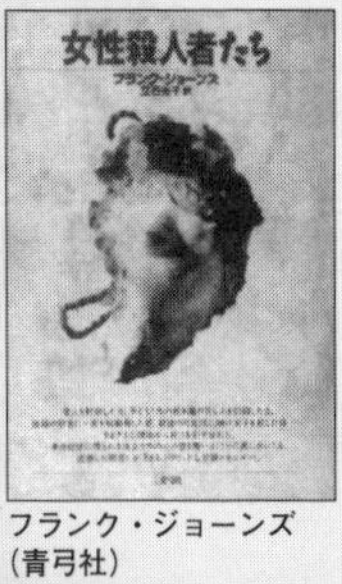

フランク・ジョーンズ
（青弓社）

KILLER KING FILE 019

ダッチワイフに激怒 銃乱射の無差別殺人鬼！

ロバート・プーリン

DATE プーリンを激怒させたダッチワイフの値段は29ドル95セント（約3600円）だった。

10歳の頃からポルノ雑誌を集めるオナニー野郎！

1957年、カナダ・オタワ出身。ロバート・プーリンは、空軍パイロットの父親の息子だったが、子供の頃から気が小さく、すぐに近視になったため、成績優秀にも関わらず、立派な父親のようなパイロットになれないという挫折感に苛まれていた。

現実の軍人になれない劣等感からか、彼は軍隊に異常に憧れ、軍事情報を収集し、部屋に籠もって1人で戦争のボードゲームで遊んでいた。友達は1人もいなかった。

彼はセックスにも強い関心を抱いていたが、本物の女性とは怖くて話もできず、10歳の頃からポルノ雑誌を集めるオナニー野郎となった。成長するにつれ、彼の部屋はヌード雑誌と女性の下着の山となった。

毎日、まめに日記をつけ、女性をレイプしたいという思いのたけを書いていた。目をつけた女の子たちの名前や住所、電話番号を書いたノートも持っていた。彼女たちの家にイタ電をかけていたのだ。

また、彼はしょっちゅう自殺を考えていた。テストで悪い結果だった時や、挫折感を味わった時には自殺しようと思うのだが、その都度、プーリンはセックスしてから死のう、と思い止まっていた。

ティーンエイジャーになると、彼はポルノ雑誌のセックス・フレンド募集に広告を出すようになるが（ホモのページにまで広告を出していた）、それでも相手は見つからず、18歳の時には、ポルノ雑誌の

初体験がレイプ殺人
犯行後自宅に放火！

通信販売でダッチワイフを買う。しかし、届いた商品を見てプーリンはひどく失望し、キレてしまったのだ。

プーリンは以前から目を付けていた、近所に住む、スリランカ人一家の娘、キム・ラボットを言葉巧みに自宅地下室に誘い込み、銃で脅して全裸にし、手錠で自由を奪ってから、念願のレイプをするのだった。ヴァギナを犯すだけでは満足できず、アナルの処女も奪って、プーリンはキムをナイフでめった刺しにして殺害した。

次に彼は自宅の階段にヌード雑誌のコレクションを並べ、灯油を蒔いて火を点けた。そして、学校に向かった。自宅が火事になり、焼けた女の子の死体が発見されて大騒ぎになっているその頃、プーリンは神学の授業中のクラスに乱入して、散弾銃を乱射していた。

この銃撃で、1人が死亡し、6人が重軽傷を負った。ひとしきり銃を撃ったプーリンは散弾銃を自分の頭に向け、自殺した。彼は顔が吹き飛ばされていた。

ショック・カウンター

残虐度

フェチ度

衝撃度

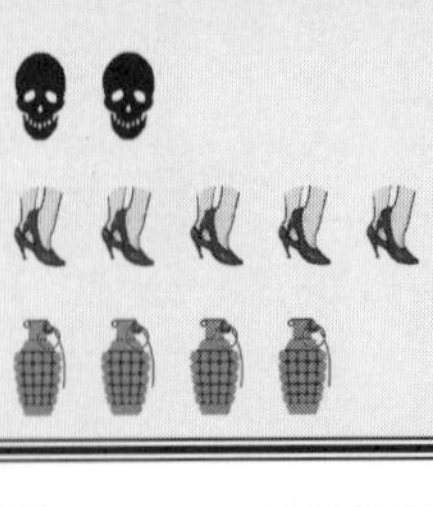

狂気の沙汰
無差別殺人の恐怖

ロバート・プーリンを始めとする無差別銃撃事件の犯人の特集号が、『マーダーケースブック』の71号。映画『フォーリング・ダウン』は、普通の中年男が失業し、離婚した妻とのトラブル、交通渋滞などのプレッシャーによって、最終的にはハンバーガー・ショップでマシンガンを乱射し、バズーカ砲まで持ち出して大暴れする（ハンバーガー・ショップでの乱射についてよく知りたい人は『殺人王』を参照のこと）。ジョエル・シューマッカー監督で、なんと、マイケル・ダグラス主演。

NOVEL

『マーダーケースブック 71号』

（省心書房）

MOVIE

『フォーリング・ダウン』

レイプ後死体を丘に放置！
「ヒルサイド・ストラングラー」

ケネス・ビアンキ&アンジェロ・ブオーノ

DATE

ロサンゼルスを戦慄させた２人組のレイプ絞殺魔。常に死体を丘に放置することから「ヒルサイド・ストラングラー」と呼ばれ恐れられた。

SMまがいの拷問後絞殺して丘に放置！

2人とも、アメリカ・ロサンゼルス出身。ビアンキとブオーノは従兄弟同士だった。警備員のビアンキは生まれながらにして犯罪者的性格で、完全な虚言症。口のうまい彼は、人心掌握の能力に長け、人を操るのが巧かった。

一方のブオーノは非常に粗暴な性格で、職業はポン引きだった。家出少女をレイプと暴力で調教し、売春婦として働かせるようになヤツであった。ビアンキはブオーノを自分の犯罪の相棒に選んだ。

1977年10月、2人は手始めに売春婦を襲って、ブオーノの家に連れていき、全裸にすると、思う存分、レイプして、絞め殺した。死体は小高い丘の上にあるフォレスト・ローンズ墓地に捨てた。

このレイプ殺人に味をしめたビアンキとブオーノは、次々と同様の手口で女性を襲った。

彼らはすぐに売春婦では飽き足らなくなり、女子大生やOLを標的にして、2人がかりでレイプ。しかもSMまがいの拷問も行うようになった。二人は前後からヴァギナとアヌスを同時に犯し、被害者を精液まみれにするのだった。

最後はかならず絞殺し、全裸死体をエッチなポーズにして放置した。この連続レイプ殺人事件の犯人は、常に死体を丘に放置することから「ヒルサイド・ストラングラー」と名付けられた。

1979年にビアンギは自分が勤務している警備会社でバイトしていた女子大生2人に目を付け、彼女たちが警備

ビリー・ミリガンを真似て多重人格者と主張！

会社から派遣されて留守番をしていた家に押し込み、4Pをして殺した。ここから足がついて、ビアンキとブオーノは逮捕された。2人の犠牲者は12人に上った。

ビアンキは当時、話題になっていたビリー・ミリガン事件を真似て、自分は多重人格なのだと主張するが、認められなかった。ビアンキとブオーノは有罪となり、終身刑となった。

刑務所のビアンキを訪れたナイスボディの美女がいた。ヴェロニカ・リン・コンプトンという殺人鬼マニアで、女優か作家になって有名になるのが夢の女だった（「プレイボーイ」でヌードになったこともある）。彼女はビアンキのインタビューを出版して有名人になろうとしたのだ。

だが、ヴェロニカはビアンキの口車に乗って操られ、LAでウェイトレスを殺害しようとして失敗。終身刑となった。ヴェロニカはその後も、連続殺人鬼の「サンセット・スレイヤー」こと、ダグラス・クラークと恋に落ち、話題となっている。

ショック・カウンター

残虐度 

フェチ度 

衝撃度 

二人の残忍な凶行が映画の中で忠実に再現！

有名殺人鬼の手口を真似るオリジナリティのないシリアルキラー、コピーキャットが最初に真似するのが、ビアンキとブオーノのコンビ殺人鬼。コピーキャットはご丁寧にも、死体の処理や放置方法もおそろいにする。

コンビの猟奇殺人鬼ということだと、これはネタばれになるけれど、スプラッター・ムービーのパロディでもある『スクリーム』ははずせない1作だ。ゴーストフェイスのマスクでコンビのサイコが二人一役を演じるというのがミソ。

MOVIE

『コピーキャット』

MOVIE

『スクリーム』

8年間娘を性の玩具にし 妻を絞殺した鬼畜暴力亭主！

モクタール

DATE

約20年間不法滞在していたモクタール。17歳で妊娠した娘に堕胎を強要。しかも、その後もレイプを繰り返す鬼畜ぶりを発揮。

9歳の娘を毎夜犯し続け17歳の時には堕胎も強要！

1945年、アルジェリア出身。モクタールは10歳の時、両親が次々と死亡するという悲劇に見舞われる。親戚に引き取られるが、過酷な労働をさせられた上、まともな食べ物も与えられなかった。

肉体的な虐待は日常茶飯。夜は家の外で眠るという酷い子供時代だった。後にこの家を逃げだした彼は、フランスに密入国した。

彼がフランスの正式な滞在許可を取得したのは、1976年のこと（この時、31歳）。イギリス出身のジョイスという女性と結婚する。

この妻との間に、リアナという娘も生まれ、ようやくモクタールに幸せな人生が訪れようとしているかに見えた。ところが、実はモクタールは強度のロリコンであり、この長女に異常な愛情を抱いていたのだ。

1987年、モクタールは娘のリアナが9歳になると、ついに自分の肉欲を爆発させた。深夜、娘のベッドルームに侵入したモクタールは「いうことを聞かないと、酷い目に合わせるぞ」と脅して、少女にフェラチオさせた上、幼いヴァギナを犯した。以来、8年間に渡って、父親は毎夜、娘をレイプし続けた。

この間に、モクタール夫妻には妹のジャンヌと、長男も生まれたが、モクタールは常日頃から妻にも子供たちにも暴力を振るい、近所でも、その奇行は有名で、飼い犬を壁に投げつけて殺したこともあった。

娘がいなくなったことにキレ妻を拷問の末に絞め殺す！

リアナは17歳の時、父親の子供を妊娠してしまう。モクタールはリアナに子供を堕胎させた後も変わることなく娘へのレイプを繰り返した。

この当時、妹のジャンヌは7歳になっていたが、父親が妹もセックスのオモチャにしようとしていることを察知した姉のリアナは、妹を父親の毒牙から守るために、1998年に警察に父親からの性的虐待を訴え出た。

ところが、フランスの警察はすぐには解決に乗り出さず、1ヵ月後にようやくモクタールに事情聴取した。その間に、母親は娘たちを逃がした。

警察から戻ったモクタールは（すぐに保釈するとは、いいかげんな警察だ）娘たちがいないのを見てキレ、妻に襲いかかると、ガムテープで目鼻手足を拘束して拷問を加えた上、絞め殺した。そして、床下に死体を隠した。

家を訪れた警官が妻の不在と異臭に気づき、床下から死体が発見された。逮捕されたモクタールはすべての犯行を否認しているが、裁判では懲役25年が言い渡された。

ショック・カウンター

残虐度

フェチ度

衝撃度

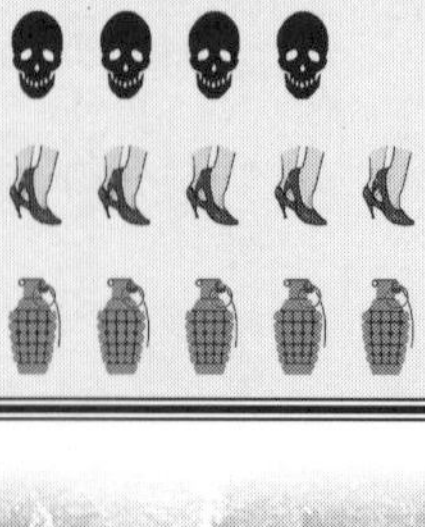

ホントは怖い？『チキチキバンバン』

空飛ぶ自動車チキチキバンバンで冒険する少年少女の物語『チキチキバンバン』。軽快なテーマソングでお馴染みの映画で、サイコなイメージなどまったくないかに思われるが、この映画には子供を狙う怪人・チャイルドキャッチャーが登場する。人間離れした嗅覚で子供を追い、誘拐するのだが、作中には性的な表現はない。しかし、この怪人を幼児レイプ魔だと見破ったのが、マリリン・マンソンで、彼はセカンド・アルバム『スメルズ・ライク・チルドレン』のジャケットで、このキャラのコスプレをしている。

MOVIE

『チキチキバンバン』

MUSIC

『スメルズ・ライク・チルドレン』

マリリン・マンソン

洞窟に住み生人肉を食らう 総勢46人の近親相姦殺人一家

ソニー・ビーン ファミリー

DATE 14世紀のスコットランドに実在した殺人一家。洞窟で暮らし、近親相姦を繰り返し、孫を含め3代46人の大家族に。探索中の猟犬が、人肉の薫製の臭いに気づき犯行が露見。

旅人の人肉を食らい生き血を飲んで生活

14世紀後半、スコットランド出身。当時、ジェームズ1世に統治されていたスコットランドで、ソニー・ビーンは庭師の息子として生まれた。

最初は家業を手伝っていたが、真面目に働くのがイヤで堪らなかった彼は、近所の誰とでも寝る女と共に夜逃げして、ギャロウェイの海岸に近い洞窟に住み着いた。

夫婦になった2人は、一切、他の人間との付き合いを絶ち、人の住んでいる場所にも近寄らない生活を25年間も続けた。何で食べていたかといえば、強盗であった。

運悪く、このギャロウェイの海岸に近づいた旅行者などを襲って、身ぐるみ剥いていたのだ。しかも、この旅人の肉を食い、血を飲んでいたのである。余った人肉は塩漬けにし、保存食として蓄えた。

ビーン夫婦は旅行者を殺して衣服を奪い、その肉を食っては、セックスするという生活を続けた。この25年の洞窟生活で、ビーン夫婦には8人の息子と6人の娘ができた。

しかも、子供同士や、父と娘、母と息子などの組み合わせによる近親相姦によって、孫が32人（男子18人、女子14人）できた。

家族が増えれば増えるほど、ビーン一家の強盗の回数は増加。ビーン夫婦は息子や娘たちと共に、旅人を惨殺した。しかも、その場で被害者をバラバラにして、ナマでむさぼり食うのだった。

完全に食いきってしまうため、証拠が残らず、誰もビー

被害者を完全に食いきる食糧と証拠隠滅の一石二鳥！

ン一家の犯罪に気がつかなかったほどである。だが、その内、海に捨てられた被害者の腕や足の一部が人家近くに流れつくようになると、地元の噂になり、当局の関知するところとなった。

　捜査が開始されたが、なにしろ14世紀当時は捜査法も確立されておらず、無実の宿屋の主人などが処刑されるなどする始末だった。

　だが、ある日、ビーン一家がある夫婦を襲って、その妻を殺害し、生き血を啜り、腹を割いて内臓を引っ張りだしているのを大勢の旅行者の一行に目撃された。

　邪魔の入ったビーン一家は逃走したが、これが国王ジェームズ1世に報告された。国王は400人の軍勢を派遣。洞窟内で人肉を燻製にしていた一家を逮捕した。

　ビーン一家への処置は裁判なしで死刑との判決。まず、男たちは生きたまま手足を切断され、失血で死ぬまで放置された。女たちはその処罰を見せられた後、生きながらにして火炙りとなった。

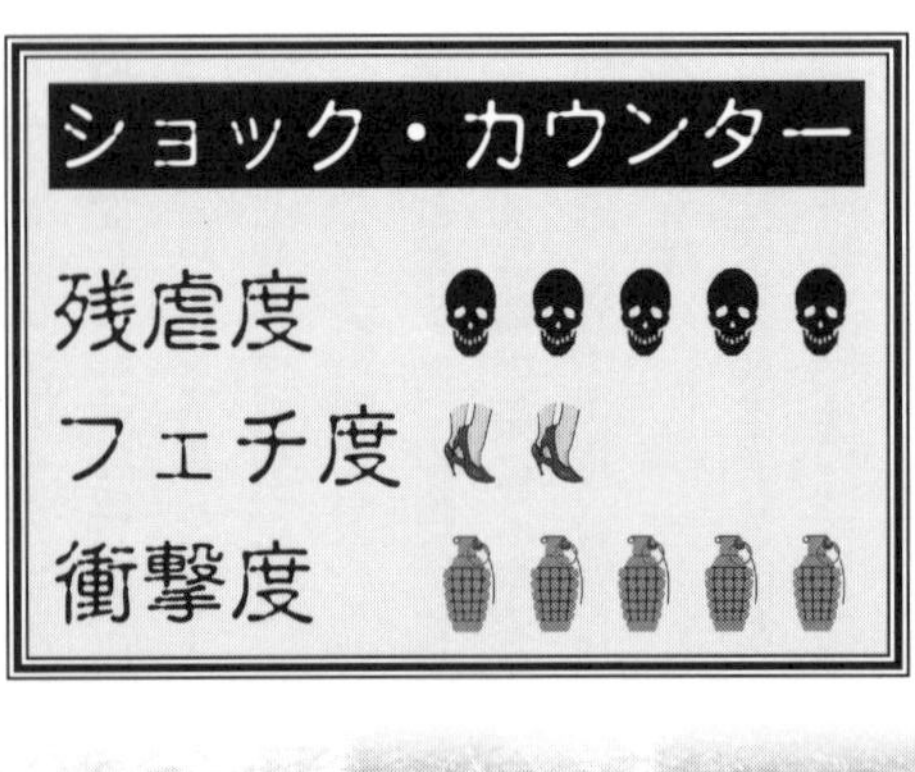

タブーにタブー！ 近親相姦&連続殺人

ある町で連続猟奇殺人事件が起きる。実は、それは平凡なドリンドル家の家族の仕業だったというのが、映画『デス・マスク』。この一家は悪魔崇拝の儀式のために人を殺し、全員で近親相姦に明け暮れていたのだ。

もう一本の『サランドラ』は、核実験の跡地に住む異常な一家の物語で、運悪くやってきた旅人を殺して食料にしている。放射能の影響か、近親相姦のせいか、一家全員が奇形になっているという設定がエグすぎる。

MOVIE

『デス・マスク』

MOVIE

『サランドラ』

ミスコン出場者クラスの美人ばかり狙う異常性欲者

クリストファー・ワイルダー

DATE ワイルダーは、若くして建設・電気工事会社を経営し、成功を収めた実業家の肩書きを持つ。一方ではアブノーマルなＳＥＸを好み、女性を支配する願望を抑えきれずに凶行に及んだ。

若くて美人以外はSEX出来ない異常性欲者

1945年、アメリカ・フロリダ出身。クリストファー・ワイルダーは若くして事業に成功した大金持ちで、高級なものが大好きな、成り金趣味丸出し野郎であった。

ワイルダーは38歳の時には、フロリダに大邸宅を所有するほど、儲かっていた。また、カー・レースが大好きで、マイアミ・グランプリに出場したりしていた。

一方で彼は性欲が異常に強かった（オーストラリアでレイプ事件を起こし、有罪になったことがある）。その性欲を発散するために、どんな女とでもセックスできれば、まだ、よかったのだが、彼は若くてナイスボディの美女とでなければ、セックスする気が起きない男だった。

ワイルダーは金にものをいわせて、10代後半から20代前半くらいまでの若い女の子たちを雇って、はべらせて悦に入っていた。そして、夜な夜なそのピチピチの肉体を責めまくった。

また、ミス・コンテストが大好きで、よく観客席に姿を現していたのだが、ついに、彼はミスコン美人を自分の思うままに犯したいという欲望に勝てなくなっていった。

まず、ワイルダーは自分が出場したマイアミ・グランプリの会場にいたレース・クイーンの1人を誘拐。監禁して、レイプ。満足するまで、肉体を苛むと、殺してしまった。

次に地元フロリダのミスコンを見に行って、最終選考にまで勝ち進んだエリザベス・

逃走ルートはミスコン開催地 性欲のままにレイプを続行！

ケニアンに目を付けた。

運の悪いことに、彼女はワイルダーの近所に住んでおり、ワイルダーはストーキングして、行動を把握すると、すかさず誘拐して、レイプして殺害した。

娘が行方不明になったケニアン家では、娘にワイルダーが付きまとっていたと警察に証言。オーストラリアでの前科が発覚してしまった。

ワイルダーは高級スポーツカーで逃走し、テキサス、ネヴァダ、カリフォルニア、ニューヨークと全米を股にかけて逃げ回ったが、彼は逃げているばかりではなかった。ワイルダーは各地のミスコン情報をチェックしており、逃走先でミスコン美人を拉致しては、レイプしたのだ。

全裸に剥いて、ロープで緊縛した上、車に常備してある電気コードで電流を流して拷問。被害者は彼の性欲が全て吐きだされるまで犯し続けられた。

ワイルダーは8人をレイプし、内5人を殺害した罪で、1984年、死刑になっている。

ショック・カウンター

残虐度

フェチ度

衝撃度

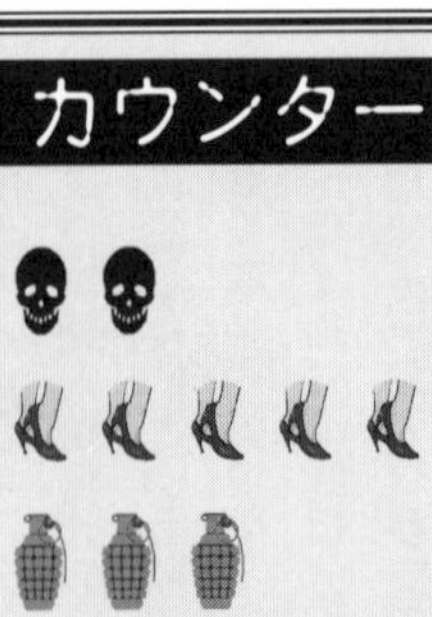

ワイルダー三昧にキミは耐えられるか？

ミスコン美女大好き人間ワイルダーの事件のノンフィクションが『美しき（いけにえ）犠牲者』。美女とデートしたかっただけだとうそぶくワイルダーの事件の全貌が1冊にまとまっている。

『特別指名手配』は、タイトル通り、指名手配までされて、全米を逃げ回った殺人鬼がまとめられており、クリストファー・ワイルダーが筆頭で紹介されている。被害者の写真も殺された順に掲載されており、指名手配されても逃げまくり、その間にも殺人を続ける懲りないワイルダーの性格がよくわかる。

NOVEL

『美しき（いけにえ）犠牲者』

ブルース・ギブニー
（中央アート出版社）

NOVEL

『特別指名手配』

タイム・ライフ編
（同朋舎出版）

死体さえもオモチャにした
ホモ野郎「フリーウェイ・キラー」

ウィリアム・ボーニン

DATE ボーニンは10件の殺人罪と10件の強盗罪で死刑を宣告。捜査に協力した、共犯のマンロとマイリーは禁固25年の判決を受けた。

死体は車から投げ捨てる異常性欲者のサディスト

1950年、アメリカ・カリフォルニア出身。ウィリアム・G・ボーニンはホモセクシャルで、しかも、サディストであった。非常に性欲が強く、一度、性欲に火が点くとガマンできなくなった。

最初の殺人は1972年で、彼は車で少年をナンパして、車中で犯し、被害者の着ていたTシャツで首を締めて殺害した。その死体は車からカリフォルニアのフリーウェイに投げ捨てた。

最初はその程度だったが、ボーニンの犯行はエスカレートして、アヌスを犯して殺した後、ナイフで死体をズタズタに切り刻んだり、首やペニスを切り落とした。別のケースでは少年の頭に釘を打ったり、アヌスから釘を差し込んだり、耳にアイスピックを突き立てた。

死体を道に投げ出すだけでは飽き足らなくなり、手足を屠殺されたブタのように縛って捨てたり、ゴミ箱に捨てたりしてみた。犯人には「フリーウェイ・キラー」と名がつけられ、報道された。

1975年、ボーニンは14歳の少年を襲ってレイプしたが、なぜか殺さなかった。この少年が通報して、ボーニンはすぐに逮捕されてしまった。しかし、警察はボーニンが「フリーウェイ・キラー」だと気づかず（無能すぎ）、彼は少年へのレイプ事件の罪だけを問われて、1年から15年の禁固となる。

ボーニンは3年で刑期を終え、自由の身になると、バー

殺害直後にハンバーガーを食べ、その後死体を陵辱！

ノン・ロバート・バッツという悪魔主義者と、ジェームズ・マンロとグレゴリー・マシューズ・マイリーという2人の精神薄弱者を仲間にして、フリーウェイ殺人を続けた。

3人の共犯者たちに被害者を押さえつけさせるので、ボーニンは拷問やレイプがやりやすかった。ボーニンは犠牲者の口に塩酸を流し込んだりもした。殺人の直後にハンバーガーで食事し、その後、さらに死体を凌辱した。

1980年、ついに警察はボーニンに目星をつけ、監視をつけると、尾行に気づかないボーニン一味は17歳の高校生を拉致。警察が彼らの車を止めて踏み込むと、ボーニンが少年を犯している真っ最中であった。

ボーニンは刑務所で、「ヒルサイド・ストラングラー」アンジェロ・ブオーノと、やはり、殺人犯のジョン・W・スティルソンと同じ房に入れられ、2人にひどいリンチを受けたという。結局、ボーニンは死刑判決を受けた（共犯の2人は25年の禁固刑）。バッツは刑務所で首吊り自殺した。

ショック・カウンター

残虐度

フェチ度

衝撃度

ボーニンを彷彿させる『フレンジー』の殺人鬼

少年をレイプするのが大好きだったウィリアム・ボーニンはコリン・ウィルソンの『現代殺人百科』にも載っている有名人。項目はなんのヒネリもない「ホモ殺人」。

　ボーニンはかならず被害者の着ていたTシャツで絞殺するのがトレードマークだったが、サスペンス映画の巨匠・ヒッチコック監督のサイコキラー映画『フレンジー』に登場するシリアルキラーは、女をレイプした後に、ネクタイで絞殺するのが得意技。かならず同じ手口。しかも、衣服ってことで。

NOVEL

『現代殺人百科』

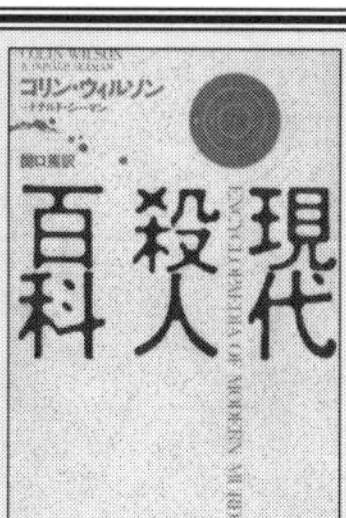

コリン・ウィルソン
（青土社）

MOVIE

『フレンジー』

「月曜が嫌いだったから」小学校前で銃乱射した16歳の少女！

ブレンダ・プレンサー

DATE ブレンダの凶行はニューウェイヴ・バンド『ブームタウン・ラッツ』に最大のヒット曲をプレゼントした。

クリスマス・プレゼントは22口径ライフルをおねだり

1963年、アメリカ・カリフォルニア出身。ブレンダ・プレンサーの祖父はカリフォルニア州チュラ・ビスタ市の市長を努めた人物で、父親はサンディエゴ州立大学の学長だった。名誉も、富もある一家に生まれたブレンダは可愛い少女に成長していった。

成績も良い良家の子女にしか見えなかったが、子供の頃から、銃器や軍、戦争に興味を抱き、特殊部隊の活躍を描くTVドラマの『SWAT』の大ファンだった。

愛娘にねだられて、甘い父親はブレンダにクリスマス・プレゼントとして、22口径ライフルを買い与えた。大喜びしたブレンダは、このライフルで射撃の練習に精を出した。銃撃の腕はどんどん上達。ブレンダはますます銃器に愛情を抱いていく。

16歳のブレンダはライフルを撃つと身体の芯が熱くなり、快感が全身を走るのだった。ライフルの練習に熱中し続けた彼女は、生きて動いている標的を撃ちたくてたまらなくなっていった。

こういう時にはたいてい、最初は小動物などから始めるものだが、わがまま放題に育ったブレンダは、すぐに人間を撃ちたいという衝動をコントロールすることができなかった。

1979年1月21日。月曜日の朝、ブレンダは愛するライフルに弾丸をこめ、予備の弾丸も用意して、口笛まじりに地元・サンディエゴのクリーヴランド小学校に向かった。

小学校前で銃乱射魔の月曜日の惨劇

ブレンダは小学校の向かいの家の庭に身を潜め、スクールバスなどで登校してくる小学生に向かってライフルを乱射した。小学生8人が重傷を負い、生徒を助けようとした校長と教師の1人が射殺された。小学校の校門前は阿鼻叫喚の地獄絵と化した。

　警官隊が包囲し、ブレンダとの銃撃戦となった。この段階では、まだ、ライフル魔が16歳の女子高生だということは判明していなかったのだ。

　この激しい銃撃戦により、警官1名が重傷を負ったが、ようよく、犯人のブレンダは逮捕され、犯人が少女だと知って、警官隊は驚愕。関係者一同を唖然とさせた。

　ブレンダは凶行の理由を「月曜が嫌いだったから」と説明したが、誰にもその真意は理解不能だった。

　この事件は1980年代にイギリスのニューウェイヴ・バンドだったブームタウン・ラッツが「アイ・ドント・ライク・マンディ」（邦題は「哀愁のマンディ」）という曲にして、シングル・カット。彼らの最大のヒットとなった。

ショック・カウンター

残虐度
フェチ度
衝撃度

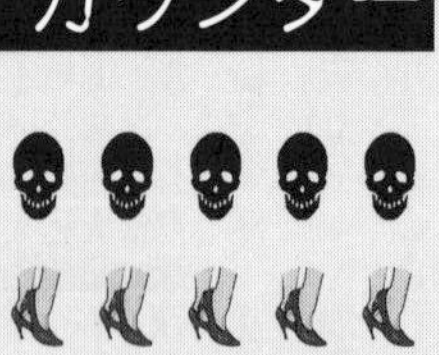

ブームタウン・ラッツ 最大のヒット曲

小学校の校門で、登校してくる小学生や教師を狙い撃ちしたブレンダ。逮捕後に動機を問われて答えたのが、「月曜日がキライだったから」と答えたのは有名。1978年にはニューウェイヴ・バンドのブームタウン・ラッツがこの事件を曲にして大ヒットさせた。日本では「哀愁のマンディ」というよくわからない邦題だったが、オリジナル・タイトルはそのまんま。このバンドのリーダーが、後にライヴエイドでおなじみのボブ・ゲルドフだった。彼は元ジャーナリストで、こういう事件に目端が効いたわけだ。

MUSIC

『アイ・ドント・ライク・マンディ』

ブームタウン・ラッツ

「死の家」でホロコーストを再現
フランスを代表する殺人鬼！

マルセル・プショー

DATE
「死の家」から押収されたスーツケースからは、1500着を超える衣類が発見された。しかし、被害者を特定する類のものは発見されなかった。

地下室には高温の焼却炉　死体を処分する部屋まで準備

1897年、フランス・パリ出身。パリで個人病院を開業していたマルセル・プショーは、第2次世界大戦の頃には、レジスタンス運動のメンバーだったこともある。しかし、一方で、犯罪者傾向が強く、多くの小さな犯罪に手を染めていた。

後に医者の免許を取得したプショーはパリで病院を始めた。立派な病院を建設し、パリの名士となった彼は、小さな町の町長にもなるなど、人々から尊敬される人物だった。

プショーはパリのルシュール通りに豪邸を建てて、住んでいたが、この家にはさまざまな仕掛けがあった。完全防音で、完全に気密にすることができる客室には、ガス管が仕込まれていたし、地下室には高温の焼却炉が設置されていた。もちろん、この設備によって、人を殺し、死体を処分するためであった。

当時、パリはナチス・ドイツの占領下であり、プショーはナチに追われた裕福なユダヤ人たちを、無事に国外に脱出させると言葉巧みに自宅に誘い込んでいた。一時、自分の家の隠し部屋に匿っておくという彼の言葉を信じて、ユダヤ人たちは、プショー家の怪しげな部屋に入った。

ユダヤ人たちが通されたのは、もちろん気密室で、プショーはここに毒ガスを送り込んで殺害した。この気密室には、覗き窓がついており、プショーは苦しみもがき死ぬユダヤ人を見て、大喜びするのだった。

金品が目的ではなく人が死んでいく過程に興奮

　プショーの犯罪は、金目的だけでなく、人が死んでいくのを見る楽しみでもあったのだ。そして、身ぐるみを剥いで、金品を強奪。死体を地下の焼却炉で焼いてしまった。この仕事で彼は100万フラン以上を稼ぎ、1500着もの衣類を入手していた。

　だが、焼却炉で焼ける人数を上回ったため、煙突から異臭が撒き散らされ、近所の人々が当局に訴える騒ぎとなった。警察が出動すると、プショーはすばやく逃走してしまった。

　警察の捜査で、屋敷の焼却炉から、焼け残った27人分と見られる死体が発見され、家の秘密の仕掛けも明らかとなった。パリではこの「死の家」の噂で持ちきりとなった。

　9ヵ月後にプショーは逮捕されたが、彼は自分が殺したのは、ナチの協力者やゲシュタポの関係者といったフランスの裏切り者ばかりなのだから、自分は無罪だと自己弁護した。本人は63人を殺害したと自供している。1946年、ギロチンで死刑になった。

ショック・カウンター

残虐度

フェチ度

衝撃度

ドクター・プショーの密かな足跡を辿る

ナチスに占領されたパリで、逃亡するユダヤ人を助ける振りをして拉致。毒を飲まして殺しては、その財産を奪っていたドクター・プショー。彼を紹介した『世界犯罪者列伝』の著者はフランスの大衆芸術博物館の学芸員。この人は「三面記事」の展示会も企画したりしている。本書では現場検証と裁判でのプショーの仏頂面の写真も見ることができる。彼の毒ガス部屋の覗き穴は警察博物館に展示されているらしい。映画の方は名前はプチオだが、これは英語読みになっているのだけで、モデルはプショー。

NOVEL

『世界犯罪者列伝』

アラン・モネスティエ
（ＪＩＣＣ出版局）

MOVIE

『怪人プチオの密かな愉しみ』

アートと変質者の接近

絵画、人形、性器、死体、写真、自虐パフォーマンス

狂気と死とポップの融合

text
目黒卓朗

猟奇的な思考がアーティストの才能

アーティストっていうのは、ヘンな人達である。なぜって、ヘンなことを突き詰めてしまうからだ。ヘンなこと、おかしなことは彼らの頭の中に留まり、さらに増殖し、エスカレートしていく。そこが、ヘン。

一般人でも、ついヘンなことを思い浮かべることはある。それが頭を離れず、しばらくの間、そのヘンなことについて考えてしまったりもする。だが、それは、いつのまにか、脳裏から消え去ってしまうものだ。

あるいは、健全な社会人としての常識が、「こんな役に立たない、おかしなことを考えていてはいけない」とブレーキをかけることによって、無理やりにでも、その奇妙な考えを頭から消去する。

しかし、アーティストはヘンなことに真剣である。ヘンなことは、アーティストにとって、神からの啓示なのだ。これをキレイでカッコいい言い方をすると、インスピレーションとか、アイディアとかいうわけだが、アーティストの得るインスピレーションなるものは、一般人の考えるような神々しいものばかりとはいえない。逆に異常で、猟奇的であることの方が多いのだし、しかも、それらヘンなことをさらにエスカレートさせるのだから、ヘンさは増大。グロテスクな姿に変身していく。

そして、アーティストには、「こんな役に立たない、おかしなことを考えていてはいけない」などというブレーキは効かない。彼らは暴走超特急なのであり、その結果、考えているだけでは満足で

きず、現実世界にそのイメージを産出してしまう。

　それが、アートといわれるものの正体であって、一言でいえば、イメージのモンスターなのだ。それがたとえ、一見、キレイに見えたとしても、その実態はアーティストなる独身者による単一生殖の私生児という意味で、やはりモンスターの一種にほかならないことを忘れてはいけない。そして、こう書いてきた文章が、まるで、シリアルキラーについて書かれた文章だといっても、ぜんぜん違和感がないことが重要なのだ。

　試しに、ここまでの文章の「アーティスト」の部分を「シリアルキラー」と入れ換えて読んでみる。「アート」の部分に「殺人」を代入して読んでみる。すると、ほら！　連続殺人鬼の心理分析に早変わりなのである。

　ピエロ殺人鬼のジョン・ウェイン・ゲイシーが自画像やディズニー・キャラの絵を描き続けていたように、アーティストとシリアルキラーというのは似通った人達なのであった。

　いずれにしても、アーティストがヘンな人達だというのは、自分の耳を切り落としたゴッホのエピソードを聞けば、一発で納得のいくことだろう。彼は実際、神経症が発症していたわけだが、神経症とか、精神病というのも、得難いアイディアの泉なのであって、発病すればものの見方や色彩の在り方がまったく違うものとなり、それをキャンバスなどに再現できるスキルさえあれば、アーティストとして大成功なのである。

「黒い絵」のゴヤを大先輩にして、狂気とアートとは切っても切れない関係を結んでいる。ゴヤに代表されるロマン派時代には多数のアーティストが発狂しているわけだし。これを殺人鬼に置き換えれば、サイコキラーということになるだろう。だから、アーティストに殺人鬼がインスピレーションを与えるというのは、まったく自然な現象だといえるわけだ。「叫び」で有名なムンクにも、そのものズバリの「殺人」という作品があるように。

レイプを象徴するドラゴンの仁王立ち

　連続殺人鬼とアートという関係で、すぐに思い出されるのは、トマス・ハリスの『レッド・ドラゴン』だろう。一般的には、ハンニバル・レクター博士ばかりにスポットが当てられているが、この作品で活躍するシリアルキラー、フランシス・ダラハイドは自らにパワーを与えるために背中一面にタトゥーを彫っている。その絵柄

が、神秘主義の画家ウィリアム・ブレイクの「大いなる赤き龍と日をまとう女」。
　地面にベールだけを着た女性が横たわっており、その前に翼を広げた筋肉質のマッチョなドラゴンが仁王立ちになっている（画面でのドラゴンはこちらに背中を向けている）。女性を足元にひれ伏させているレイプ魔そのものの図柄が、レイプ殺人鬼のダラハイドの気に入ったわけである。さらに作中では、ダラハイドは美術館からこの作品を盗んで、貪り食う。体内に収めてより強力なパワーを得るためだ。

19世紀のモチーフ切り裂きジャック

　いわゆる連続殺人なるものは、コリン・ウィルソンなどによれば、19世紀末の産物で、その元祖ともいえるのは、やはり、切り裂きジャックということになる。

　切り裂きジャック事件が絵のモチーフになった例のひとつは、映画『フロム・ヘル』で、クローズアップされた事件の真実と関係している。この新説では、画家が大きな役割を持っていたのである。

　ヴィクトリア女王の孫・クラレンス公が、画家の友人ウォルター・シッカートのモデルの女とセックスして妊娠させてしまう。側近たちが無理やり別れさせ、もみ消し工作したことで、この娘が発狂。

　このスキャンダルを知った娼婦メアリ・ケリーが王室をゆすったために、フリーメイソンのメンバーでもある宰相ソールズベリー卿、女王の侍医ウィリアム・ガルたちが、娼婦の連続殺人事件を起こして、その中にメアリ・ケリーの殺害を混ぜて、真実を隠蔽したというのだ。葉っぱを隠すのには森に隠せ、という次第である。

　事件のきっかけを作ったシッカートは罪の意識に苛まれ、メアリ・ケリーの死体そっくりのズタズタになった女性の絵「ゆすり」

や、喉を切り裂かれた全裸女性死体の横たわるベッドの横で、画家自身ともいえる人物が祈りを捧げている「キャムデン街の殺人」などの絵を残している。陰謀（殺人）に加担していなければわからないはずの事実が細部に隠されており、この新説に信憑性を与えている。

　この切り裂きジャック事件の起こったヴィクトリア朝の同時代人にリチャード・ダッドがいる。妖精や小人などを登場させ、ファンタジーの世界を描いた画家のダッドは発狂し、ナイフで友人知人の肖像画の喉の部分を切り裂いた。彼はこの後、実際に実父を殺し（エジプトの神に命令されたのだそうだ）、逃亡。その旅先でも殺人未遂を起こして逮捕され、精神病院に収監された。

　病院内でも絵の制作に励み、傑作と言われる「妖精の樵の巧みな一撃」などを完成させている。彼は死ぬまで精神病院にいた。（死んだのは、切り裂きジャック事件の翌年）。この「妖精の樵の巧みな一撃」は後に、クイーン（というより、フレディ・マーキュリー）にインスピレーションを与え、「フェアリー・フェラーの神技」という曲を作らせた（『クイーンII』に収録）。

変質者的妄想が芸術の出発点に

　時代が下って、20世紀になると、アートと変質者的なものが急接近する。シュールレアリズムなどのジャンルの登場によって、アーティストの妄想が表現される核として浮上してきたからである。関節人形で有名なハンス・ベルメールも、シュールリアリストだが、その人形は少女をモチーフにして、腕や足、腰に球体関節を仕込んで、自由に可動できるようにしたものだ。

　ご丁寧にもヘソやヴァギナがリアルに作られているが、しかし、人形に頭部があることはまれだし、胴体のどっちの側にも足がついていたり、腕も途中までしかなかったりの奇形に造形されている。まるで、少女のバラバラ死体のようでもある。

　下半身と足しかないのに、わざわざ赤い靴など履かせたりしているところはかなりのフェチだ。ベルメールにとって、人体とは自分の思う通りに変形可能な可塑的な物体にすぎなかった。

　作品には非常に不健康なエロが充満しており、実際、ベルメールのインスピレーションとは、従妹の美少女への少女姦的な欲望だった。つまり、出発点は痴漢とか、

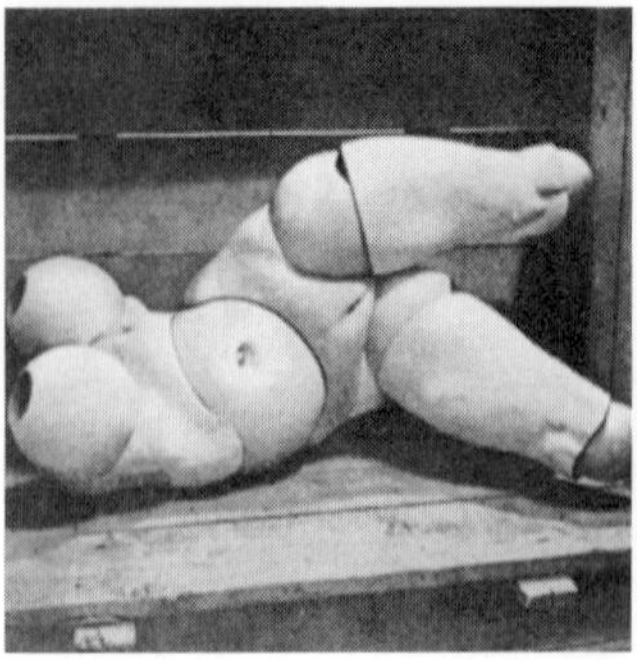

幼児レイプ殺人鬼と同じところだったのだ。だが、ベルメールにおいては、芸術として昇華させることができた。
　といっても、ベルメールといっしょに暮らすのは辛いことなのかもしれない。なにしろ、シュールレアリズムの女流画家ウニカ・チュルンは、それまでなんともなかったのに、ベルメールと結婚後、急速に精神障害を起こして、自殺してしまうのだから。

狂気と狂気のコラボレ　写真時代の幕開け

　シリアルキラーの多くが過剰な性欲か、さもなければ、極端なインポテンツだが、いずれにしても、独身者であることが多い。この独身者という言葉が象徴的にタイトルに使われているのが、通常の商品や物品を美術館に展示する異化効果を狙ったレディメイドと呼ばれるジャンルの創始者マルセル・デュシャンの代表作「彼女の独身者たちによって裸にされた花嫁、さえも」（通称「大ガラス」）だろう。

　生涯、独身だった彼の最後の作品とされているのが、「1．水の落下　2．燈用ガスが与えられるとすれば」で、この作品の異常さは以下の通り。

　レンガ造りの壁に木造のドアがついており、閂がかかり、釘で打ちつけられて、完全に封印されている。このドアに覗き穴がついていて、これを覗くと、壊れて裂け目の出来たレンガの壁があり、その裂け目の向こうに、全裸の少女の死体が横たわっているのが見えるのだ。仰向けになった少女の両足は広げられ、ヘアのないヴァギナが丸見えである。

　完全に覗き趣味と少女愛とネク

ロフィリアが一体となった、ものすごい作品である。20年かけて、彼はこの作品を作った。制作は誰にも知られぬように注意して進められ（これも気持ち悪いエピソードだ）、完成した時、デュシャンは79歳になっていた。

時代が写真の時代となると、狂気と狂気のコラボレーションともいえる、ダイアン・アーバスの写真が登場。彼女は精神障害者や異形の人々をカメラに収めたが、たんたんとした画像からも異常さのオーラは強力に発散されている。それは、異常なものを撮ったからというばかりではない。なにしろ、彼女の代表作ともいえる双子の女の子の写真は、ただそれだけで邪悪なオーラを醸しだしているからだ。シャッターを切る、アーバスの視線自体にも狂気が潜んでいるからにほかなるまい。

この双子のイコンは、後にスタンリー・キューブリック監督の『シャイニング』で、悪霊出現シーンのひとつに使われたし、狂気と死とポップが合体し、三位一体になる時代まで、あと少しだった。

暴力から殺人まで芸術に昇華される

いやいや、死の前にもうひとつあった。暴力、特に銃のヴァイオレンスである。1940年代には、ジェゼフ・コーネルというアーティストが銃を撃って作品を作ったし、1950年代にはイヴ・クラインもやっている。アクション・ペインティングの実験的なヴァージョンとして行われたのだ。

この路線は1980年代には、過剰なドラッグ摂取による幻覚的作品（『裸のランチ』だ）で名高い作家のウィリアム・バロウズに受け継がれ、バロウズはベニヤ板にショットガンを撃っては作品を作り続けた。

だいたい、バロウズはすでにドラッグで朦朧状態の時に、妻の頭にリンゴを乗せ、それを銃で撃ち落とそうとして失敗し、妻を殺害した過去があるわけだが、80年代末にはバロウズはショットガンの弾痕のあるベニヤにペインティングし、テキストと共に綴じた画集（ご丁寧なことに、表紙は散弾銃の弾痕のある板である）を制作・販売するまでになっていた。銃の使い方が殺人から芸術に変更された実例である。

1960年代を通過し、70年代にもなると、死さえもバッドテイストという名のポップなものと化していく。この当時はキッチュやキャンプといった用語もいっぱしの意味を持っていた。

ポップ帝王アンディ・ウォーホ

ルが『デス・アンド・デザスター』シリーズを制作。電気椅子や交通事故現場など、死に直結するイメージをリトグラフにし、マリリン・モンローやエルヴィス、牛や花同様に、死までをもカラフルな壁紙にしてしまった。

実際のアンディは死を恐れていたが、命知らずのアーティストも現れた。1971年、クリス・バーデンは友達に自分の左腕をライフルで撃たせるパフォーマンス「シュート」を行い、悪名を高めた。

彼はこの後も頭上を通過するジャンボジェット機を地上からピストルで銃撃するとか、自分自身を自動車の屋根に釘で磔にするなどの悪趣味芸術に勤しんだ。

バーデンの芸術的な遺伝子を持つ自虐アーティストの典型的なパフォーマンスは、たとえば、ステラークが1970年代末にやった、当人が複数のカプセル入りの遠隔操作カメラを飲み込み、モニターに自分の胃や内臓の内部の映像をリアルタイムで映し出すとか、本人が全裸になって、何本もの鉤のついたチェーンで宙づりになるといったSMそのものとなった。

ヴァギナを持った人形が横たわる快楽

1970年代末には、ダイアン・アーバスと並び称される女流写真アーティストが現れる。シンディ・シャーマンは自ら、コスプレして、映画の名シーンの女優に扮するポートレートで、美術界をおちょくったが（アプロプリエーションってヤツですね）、これが成功を収めた。

そのコスプレは古今東西の名画やアメリカのステロタイプなどを経て、急速にエスカレートし、見るものに居心地の悪さや、不安感を煽る効果を持つものになっていったが、最終的にはグロテスクなモンスターや、死体に扮する血まみれ写真と化した。

さらに、関節を持つ人形を使った写真作品に進出。リアルな乳房やヴァギナを持った人形に歪んだポーズを取らせ、手足を取り外したりして撮影。人形はヴァギナやアヌス部分のパーツも取り外せるようになっていて、股間にパックリと四角い穴を見せた屈辱ポーズの写真などは、ある意味、死体愛の人などには堪らない作品になっ

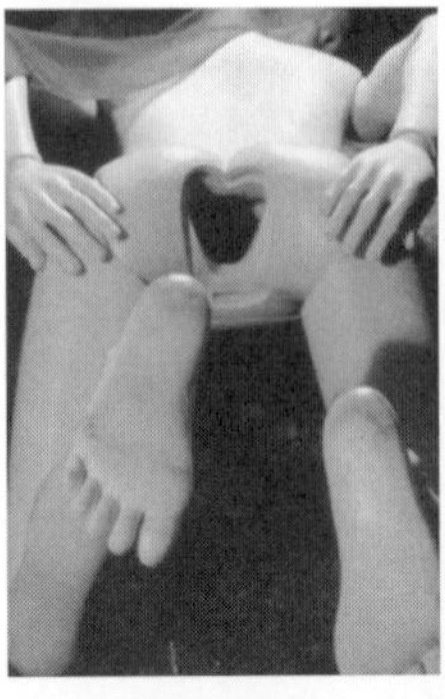

ている。

老婆の頭部と巨乳を備えたボディ、そして、リアルなヴァギナに巨根が挿入された下半身というパーツの組み換えによる異形ポルノも制作。人体損壊と、バラバラ・パーツの組み替えは、シリアルキラーの得意技ではないか。

人体損壊のパイオニアといえば、フランシス・ベイコンを忘れてはいけない。彼は、破壊され、こねくりまわされた人物を描いた。ねじくれ、半ば溶けた人間は、もはや人間には見えず、最終的には、モンスターと化した。

ハーストの代表作 輪切り牛のホルマリン漬

このように、1980〜1990年代にはアートの世界は完全に血まみれとなり、スプラッター・ムービーと見分けがつかなくなっていく。評論家はこの状況を、アートの現場が「犯行現場」になった、と形容するほどだった。

これはポストモダン・アートが「リアルなもの」へ回帰しようとした時に、それが、「おぞましいもの」（アブジェクション）へ向かったためと思われている。「おぞましいもの」や「不気味なもの」とは、人間の肉体にこそ顕著に現れるというのだ。当然、アートの表現はホラーに急速に結びつき、スプラッター化していく。

女性二人組のユニット、ダンスノイズはボンデージ・ファッションで登場し、大きなテディベアをナイフでズタズタにする。すると、仕込まれた血糊が噴出して、血まみれになるというパフォーマンスを行った（アリス・クーパーだね）。このコンビは人工巨根をつけ、客席に射精するというパフォーマンスもやっている（白濁は練り歯磨き）。血とセックスそのまんまである。

キキ・スミスの「子宮」という作品は、タイトルそのまんまのブロンズ製の子宮で、それに蝶番がついていて、パカッと開いて、中が見えるというものだ。ブロンズの赤ん坊の背中が切開され、脊髄が剥き出しになっている作品には「血のプール」なるタイトルが付いている。

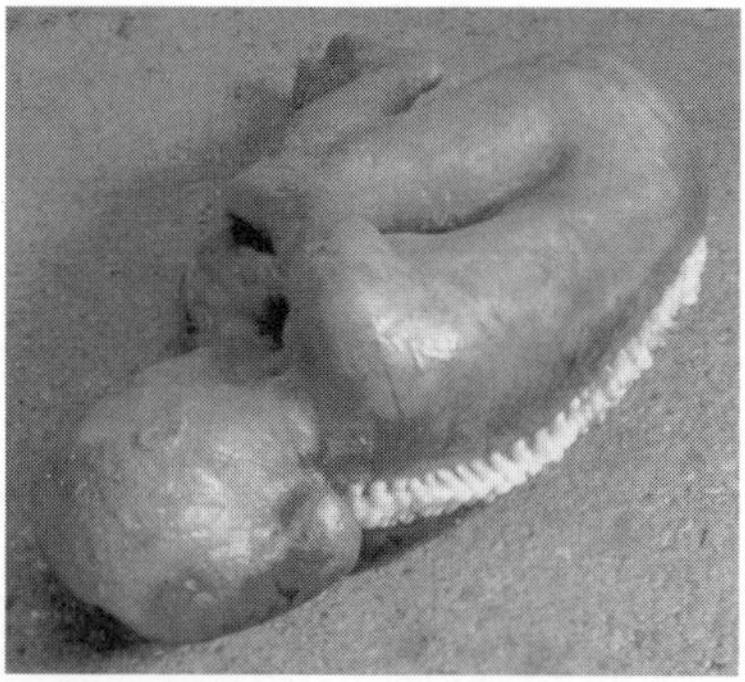

ほかにも、「胸骨」という動物の死体の残骸にしか見えない作品を制作しているが、こんなものはまだ生易しい方であって、これが、デミアン・ハーストになると、本物の死体を使う。

ハーストは、1990年に腐った牛の頭と蛆とハエをガラスケースに展示して注目を集め、テーブル、椅子、コートに血の飛沫を飛び散らせた「彼女は完璧な飛行形態を見つけたかった」や、サメの死体のホルマリン漬けである「生者の心における死の物理的な不可能」などでセンセーションを巻き起こした。

彼の作品でもっとも有名なのは、牛一頭を頭の先から尻尾の先まで、輪切りにして、ホルマリン漬けにした作品だろう（ホラー映画の『ザ・セル』の連続殺人鬼の悪夢の世界で、この作品が引用されている。作中では馬の輪切り）。アトリエも、美術館も、屠殺場と化したのだ。

マーク・クインは自分の血を少しずつ採血しては冷凍保存しておき、適当な分量が溜まった時に解凍、自分の頭部の型に流し込んで固め、氷の血の頭部像を制作した。クインはこの一作で悪名を一気に高めることに成功した。

これが、自分の血だったから良かったようなものの、他人の血だったら、ましてや、大量の血が必要だったからといって、誰かを殺して採取した血だったら、タイヘンなことである。

悪趣味アート代表チャップマン兄弟

こうしたアート状況にすかさず反応したのが、流行りもの大好き人間デイヴィッド・ボウイで、殺人が芸術である世界での物語を書き、アルバム『アウトサイド』を制作した。

この作品中には多数の実在・非実在のアーティストが登場する。中でも、注目に値するのが、ロン・エイシー。

ジャンキーで、エイズで、自虐アーティストの彼は、針を自分の身体に突き刺すピアス・アートが得意で、自分の皮膚やファンの皮膚に針で絵を描き、そこにTシャツやハンカチを押し当てて、血の図柄（つまり、エイズ・ウィルス入り）をプリントして即売するといった作品を作っていた。

殺人鬼に率直なオマージュを捧げるバッドテイストもある。マルカス・ハーヴェイは本書で紹介したイアン・ブレイディ＆マイラ・ヒンドレーの「ムーア殺人鬼」コンビの片割れ（女の方）、ヒンドレーの肖像画を描いたことで知られている。しかも、ただペイントしたのではなく、子供の手形で点描したのだ。この作品が展示された時、ちょうど、ヒンドレーは釈放される見通しが報道されていた。観客がブーイングし、作品には卵が投げつけられる騒ぎとなった。

悪趣味なアーティストの代表ともいえる、ジェイク&ディノス・チャップマンはハーヴェイのヒンドレーの肖像を支持すると表明した。この悪趣味兄弟ユニット（「イギリスの悪ガキ」なるニックネームで呼ばれている）は身体の各所で癒着した全裸少女の作品で注目を集めた。この作品、少女の癒着部分にはかならずヴァギナがついているのである。頭でくっついた少女だったら、顔と顔の間にヴァギナがあるわけだ。

この兄弟は殺人現場の制作にも熱心で、森や庭にバラバラ死体を配置したり、木の枝から死体を吊るしたりのインスタレーションを行ったりもしている。

男性の暴力からマイノリティの時代へ

肉体の「おぞましい」状況には、当然、フェミニズムも一役買っており、そのフェミな立場の代表が、スー・ウィリアムズ。暴力男の恋人に虐待され、銃で撃たれたこともある彼女は、男性による女性への暴力の現実をアートに持ち込んだ。

虐待されたゴム製の女性像（全身に虐待の種類が書き込まれている）の作品「抵抗できない」や、目、鼻、耳、口にペニスを挿入された少女の絵である「ペニス・ピープル」などがある。

ここでの「おぞましいもの」とは、男性による暴力による女性の肉体への虐待という目に見える現実として提示されている。

レズの写真家ゾーイ・レオナルドなどは、女性の視点の異化効果を狙うあまり、古今東西の名画の隣にヴァギナのどアップ写真を並べた作品のシリーズや、内臓の見える女性の解剖用モデルの写真作品などを作っている。

この頃には、「おぞましいもの」とは、世界を支配している男性以外のもの、つまり、女性やゲイ、有色人種、そして、死体などの抑圧されたものの総称となっていた（マイノリティに死体も含むっていうのがスゴイなあ）。

「おぞましい」路線は、まずイギリスで生まれ、一世を風靡したが、それはニューヨークに飛び火して、さまざまなアーティストが登場した。死体安置所で火災死、溺死、絞殺などの死体写真を撮りまくっているアンドレス・セラーノ。切り落とされた片足や、下半身、乳房などの作品を作り、室内に放置するロバート・ゴーバー。殺人現場の一室を会場に再現したインスタレーションのペポン・オソリオ、などなど。

それぞれに立場は異なるといっても、どれも、肉体の意識を回復するというのが、実は表現したい核であり、特に1990年代に人間が（アーティストも含めて）、肉体感覚を喪失し、自分自身を見失っていたこと。そして、肉体感覚を確認し、維持し続けるためには、これほどの痛み（心身共に）を伴う表現を必要とするほど心も肉体も萎えきってしまっていたことを示している（アートとして昇華できない一般人たちは、リストカットなどするようになったわけだ）。

この発想の行き着くところまで行ってしまった表現者がボブ・フラナガンだろう。遺伝性の奇病に冒されたアーティスト、ボブ・フラナガンは、全裸で自分のペニスの恥皮をひっぱって延ばし、釘で板に打ちつけるというパフォーマンスを見せた。

彼のパフォーマンスは常に自分の男性器を責め苛む、ひとりSMの世界であり、チンチンいっぱいにピアスをしてみたりと、はっきり言って、正視に耐えないものばかりだ。だが、いつ死ぬかわからないという状況下での、フラナガンのパフォーマンスは、非常に切実なものである（彼は結局、病の進行により、死去）。

ボブ・フラナガンからヘルマン・ニッチへ

このような路線は、ヘルマン・ニッチの集団劇「狂乱神秘劇」という表現に行き着く。1960年代からパフォーマンス活動を始めたニッチは、オーストリアのウィーン・アクショニズムの代表的なアーティストだが、1980〜1990年代に「儀式」と呼ぶ、集団劇に邁進する。これらの劇では、舞台に生きた牛や羊が何頭も持ち込まれ、その場で肉処理業者が屠殺して、解体する。舞台は血のプールと化す。そして、血と内臓の匂いが充満した中、演者たちによる磔刑が行われるのだ。

ニッチによれば、この行為により、人間の無意識の領域に踏み込めるというのだが。なんだかなあ。この論理でいけば、殺すのが牛とか羊じゃなくて、人間だったら、さらに無意識の領域が探究できることになるんじゃないのだろうか。ニッチがそれに気がつかないことを祈るばかりである。

殺人鬼ファイルPART3

KILLER KING FILE 027

妻をソーセージにしてバラ売りした成り上がり者

アドルフ・ルートガルト

DATE ドイツ出身のルートガルトは、アメリカに移住して、わずか３年でシカゴ有数の肉屋となる。しかし、順調な商売の一方で結婚生活は破綻。殺害されたルイザは、二番目の妻だった。

醜悪な肥満体で大食漢のソーセージ屋

1849年、ドイツ出身。ドイツ人のアドルフ・L・ルートガルトは、将来はアメリカに渡って、全米に名の知れたソーセージ屋になるという大きな夢を持っていた。ルートガルトは肉屋で修行し、20代頃についにアメリカに移住した。

イリノイ州シカゴに肉屋を開いたが、ルートガルトの作るソーセージは秘伝のスパイス調合が自慢で、非常にスパイシー。まず、シカゴのドイツ人移民やポーランド移民、オランダ移民たちが、このソーセージに飛びついた。

この評判はたちまち広がって、開店から3年で、イリノイでルートガルトのソーセージを知らない者はいないほどにまでになった。事業は拡大し、巨大な食肉加工工場を建設した。

移民としては破格の成功を収めたルートガルトはすぐに成り金趣味に走った。大食漢の彼は醜悪な肥満体で、非常にセックスが好きだった。最初の結婚も彼の秘書との浮気や、手当たり次第に女に手を出す生活のため、破綻した。

ルートガルトはルイザという女性と再婚するが、やはり、妻を省みず、浮気ばかり。不満が爆発した妻との夫婦喧嘩が絶えなかった。そんなおり、1897年5月にルイザが行方不明になったのである。

ルイザの母親が警察に通報。警察は妻が行方不明になっているにもかかわらず、愛人たちの元に通いつめるルートガルトに疑いを抱いた。また、

ソーセージ販売後人肉混入が発覚！

妻の失踪した夜、ルートガルトが深夜に工場でソーセージ蒸し機を捜査しているのを目撃した者が現れた。警察がソーセージ蒸し機を捜索すると、中からルイザの結婚指輪と女性用下着の金具、人骨の一部、歯のかけらが発見された。

　ルートガルトが邪魔になった妻を肉切り包丁で殺害した後、バラバラにして、ソーセージ蒸し機に投入し、ソーセージにしてしまったことは明らかであった。

　しかも、恐ろしいことに、このソーセージはすでに商品となり、店に並んだ後で、売り切れてしまっていた。これがマスコミによって報道されると、イリノイとミシガンでソーセージの不買運動が起きるほどのセンセーションを巻き起こした。

　ルートガルトは無実を主張し続けたが、終身刑の判決が下りた。彼は1899年に刑務所内で心臓発作で死亡したが、その後も、「アドルフは悪いヤツ、女房を茹でてソーセージにした」という童謡に名を残し、シカゴの子供たちに親しまれている。

ショック・カウンター

残虐度	
フェチ度	
衝撃度	

調理法が満載！
カニバリズムの恐怖

元・犯罪者のマリナーは刑務所内で犯罪心理研究に目覚めた、文武両道の研究家。刑務所体験話や、殺人鬼心理本など著書多数。この著者による、人食い殺人鬼本。犯罪にまつわる食人はもちろん、食人の歴史も早わかりである。

澁澤龍彦の方は歴史上の謎の怪人物たちを紹介したパイオニア。怪僧ラスプーチンとか、不死身のカリオストロやサン・ジェルマン伯爵あたりが主だが、切り裂きジャックの項もある。「人肉嗜食魔たち」という1章もあって、人食いに関する考察が読めるぞ。

NOVEL

『カニバリズム』

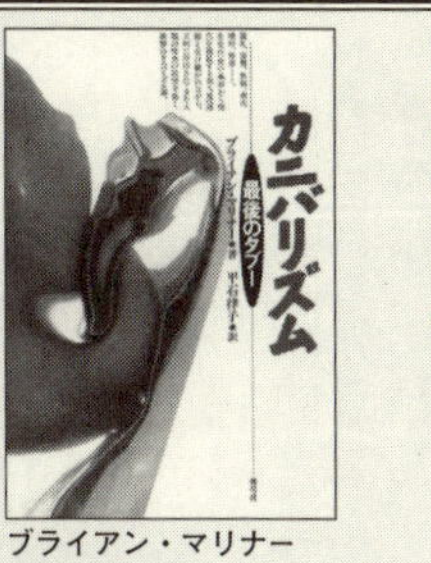

ブライアン・マリナー
（青弓社）

NOVEL

『妖人奇人館』

澁澤龍彦（河出文庫）

KILLER KING FILE 028

11歳の理由なき連続殺人鬼！少女が2人の幼児を絞殺！

メアリー・ベル

DATE ベルは母親が17歳の時に生まれる。養育を放棄した母親は、ベルを親戚に預けっぱなしにするなど、奇行が目立つ性格だった。その後結婚した義父も仕事がなく、ベル逮捕後、強盗事件で服役する。

大きくなったら、人に針を刺せる看護婦に！

1957年、イギリス・ニューキャッスル出身。メアリー・フローラ・ベルは頭のいい、利発な美少女だったが、友達と遊んでいる時、突然、相手の首を締め、窒息させて喜ぶことがあった。また、大きくなったら何になりたいかと聞かれて、人に針を突き刺せるから、看護婦がいいと答えたことがある。

メアリーは11歳の時、近所に住む4歳のマーティン・ブラウンを意味もなく絞殺した。マーティンの死体は空き家に放置されているのを発見されたが、警察は事故死と断定した。この後、メアリーは喪中のブラウン家を訪れ、棺桶に入ったマーティンの死体を見せてくれと、ブラウン夫人にねだったという。

彼女は、小学校の図画の時間に、死んだマーティンの絵を描いた。この絵は異常にリアルで、事件の現場を見た人間でなければ知らない細部までが再現されていたが（メアリーは日記に、殺人や、死体の様子を克明に記録していた）、殺人事件と11歳の少女を結びつけて考える人間は誰ひとりいなかったのである。

マーティン・ブラウンの事件から2ヵ月後には、近所の3歳児がいなくなるという事件が起きた。この時、大騒ぎする大人たちにメアリーが、「その子は空き地のコンクリート・ブロックの中で遊んでいる」と証言。

半信半疑の大人たちがその場所を探すと、行方不明の子供は死体で発見された。3歳児の腹部には、「M」の字がカミソリで彫り込まれていた。メアリーは自分の頭文字を書いたのだった。

この事実により、11歳の少女は逮捕された。TVで見て覚えたのか、「弁護士を呼んでくれ!」と叫びながら、彼女は大暴れして、関係者を困惑させた。

11歳の美少女が理由なき連続殺人の犯人だったというショッキングなニュースはイギリスを驚愕させた。

20歳で脱獄、逃亡中にロスト・ヴァージン!

メアリーは監視付きの特殊学校で義務教育を終えた後、改めて刑務所に服役。ところが、メアリーは20歳の時に脱獄に成功する。

逃亡生活はたったの3日間だったが、この間にメアリーは行きずりの男とセックスして、ヴァージンを失っていた。

この事実はマスコミの知るところとなり、新聞・TVを賑わせた。しかし、成長する内に、メアリーの記憶は曖昧になっていった。

後に釈放され、幸せな結婚もしている現在のメアリーは、自分が殺人をしたなんて信じられないと言っているという。

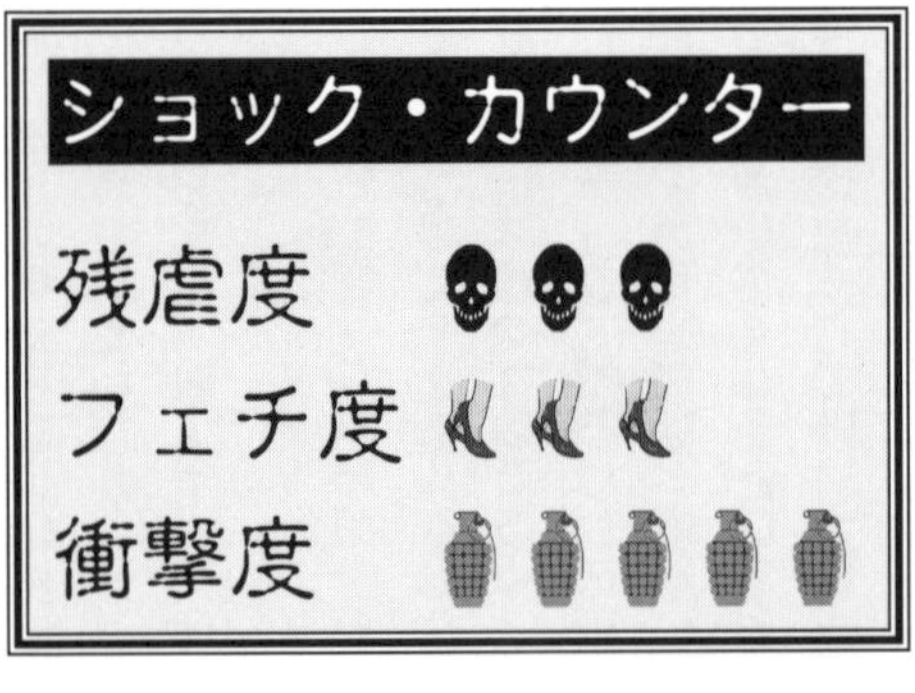

少女サイコキラーは美人も条件？

『悪い種子』は史上初の少女サイコキラー・ローダが登場する映画。元は演劇で大当たりを取って映画化された。殺人鬼の母親から生まれた彼女は、自分の手に入れたいもののためなら手段を選ばず、連続殺人を犯すが、最後は落雷（天罰）で死ぬ。

現代的にリメイクした小説『悪い種子が芽生える時』もある。こちらも美少女の犯罪を誰も疑わない。

『白い家の少女』は母親の遺言によって強迫観念に捕らわれ、次々と殺人を犯す少女リンの物語。主演は少女時代のジュディ・フォスター。

MOVIE
『悪い種子』

MOVIE
『白い家の少女』

映画『悪魔の棲む家』のモデル 長男がライフルで家族を射殺！

ロナルド・デフォー・ジュニア

DATE ブッチの残した名言「悪魔がやらせたのだ」のひと言が、第６弾まで製作させる人気映画シリーズ『悪魔の棲む家』を生んだ。

最初は両親の部屋に行き父親に2発撃ち込んで殺した

1951年、アメリカ・ニューヨーク出身。ロナルド・デフォー・ジュニアは自動車販売業を営む父親の長男として生まれた。あだ名はブッチ。

父親のロナルド・デフォーは自動車売買で大成功した金持ちで、ニューヨーク・ロングアイランドの高級住宅地、アミティヴィルに豪邸を建てて、幸せな家庭を築いていた。

ブッチをはじめとする子供たちには、なんの不自由もない生活を送り、異常な者など、1人もいないようだった。

ところが、1974年11月13日に一家に悲劇が起きる。この日の深夜、23歳のブッチは自室のTVで、シドニー・ポラック監督の映画『大反撃』を観ていた。バート・ランカスター主演の戦争映画で、ラストでバート・ランカスター演じる主人公は圧倒的な戦力で押し寄せるドイツ軍に玉砕してしまう。

映画が終わると、ブッチは35口径ライフルを持って、両親の寝室へ行き、まず、父親に2発撃ち込んで殺した。

この騒ぎで目を覚まし、逃げようとした母親も2発の銃弾で即死した。両親を殺したブッチは、弟のマーク（12歳）と、ジョン（7歳）のベッドルームへ行って、熟睡している2人を撃ち殺した。

弟たちの寝室から出ると、ブッチは銃声で起きてきた妹のドーン（18歳）と鉢合わせした。「何かあったの?」と問う妹に、彼は優しく、「なんでもないよ。ベッドにお戻り」と答えた。安心して後を向い

「悪魔がやらせた」家族全員を皆殺し！

たドーンの頭を狙って、ブッチは発砲。18歳の美少女の頭部は左半分が吹っ飛ばされてしまった。

次にブッチは下の妹アリソン（13歳）の寝室に行く。アリソンも物音で目を覚ましたところで、ベッドの上に起き上がっていたが、ブッチは何もいわずに発砲し、アリソンも頭に銃弾を受けて即死した。

一家を皆殺しにしたブッチは警察に通報した。彼は強盗による犯行だと証言したが、すぐにウソはバレた。

ブッチは証言を翻して、自分に憑いた悪魔がやらせたのだと言いだしたが、裁判ではブッチの遺産目当ての犯行だとされ、150年の懲役判決を受けた。彼は1999年、自分の病気は完治したとして、保釈の申請を行ったという。

この事件のあった家は悪魔が憑いているとされ、オカルト映画『悪魔の棲む家』シリーズの舞台に使われた。この家は現在も健在で、普通の一家が住んでいる。

ショック・カウンター

残虐度

フェチ度

衝撃度

引っ越して来た先がデフォー家だった！

『悪魔の棲む家』は悪霊に憑かれた家で起きるオカルト現象の恐怖を描いたシリーズの第1作だが、その家がデフォー家だという設定になっている。長男ブッチによる一家皆殺し事件の1年後に、その家に越してきた一家に起きる惨劇。シリーズは6作まで作られた。『大反撃』は事件の直前、ブッチがTVで見ていた映画。第2次世界大戦をテーマにして、ベルギー国境にある城での攻防戦を描いた異色作。「刑事コロンボ」のピーター・フォークが、バート・ランカスターの相棒役でいい味を出している。

MOVIE

『悪魔の棲む家』

MOVIE

『大反撃』

KILLER KING FILE 030

14人を殺害し後世にも影響 毒殺魔の中の毒殺魔ドクター！

ウィリアム・パーマー

DATE 犯行のあまりにショッキングな内容に、世論の医師に対する風当たりが強くなり、イギリス議会は慌てて「パーマー法」を制定し、裁判を続行。その悪行と共に歴史に名を残した。

家庭生活は破綻
私生児は14人を数える！

1824年、イギリス出身。19世紀イギリスでもっとも有名な毒殺魔であるウィリアム・パーマーは若い頃から非常に頭の良い男だったが、同時に小さな犯罪に手を染める犯罪者傾向があった。

22歳でロンドンに出てきたパーマーは、医師の資格を取得して、ラグレーという町で開業。人当たりの良いパーマー先生は人気者で、病院は大繁盛した。

幸せな結婚もして順風満帆の人生に見えたが、実はパーマーは女に目がなく、自分の性欲のコントロールなどできない男だった。何人もの愛人を持ち、メイドに次々と手を出し、妊娠させ、私生児を作りまくるパーマーに妻はキレ、家庭生活は破綻していた。パーマーの私生児は、なんと、14人にも上っている。

また、パーマーはギャンブル、特に競馬が大好きだった。ギャンブルに強ければ問題なかったが、彼は負け続けて、常に金に困っている有り様。それでも、パーマーは競馬がやりたかった。

そこで、彼は保険金目当てに妻の母親にアンチモンという毒物を盛って殺害した。彼は保険金で、競争馬を買い、厩舎を建てた。さらに、パーマーは妻と弟に保険金を掛け、毒殺した。4人の子供たちも次々と毒殺して、生命保険金を手に入れた。

それらの金は全て、競馬に投入されたが、彼はよほどギャンブル運がなかったらしい。パーマーはぜんぜん勝てなか

アンチモンで14人殺害毒殺魔の代名詞に！

った。借金も嵩み、債権者が金の取り立てに押しかけるようになった。ところが、この債権者も、パーマーに毒を盛られて死んでしまった。

1855年に、パーマーはギャンブル仲間のジョン・クックと競馬に行った。パーマーは全額すってしまったが、クックは勝って、2000ポンドを手に入れた。その後、2人は夕食を共にしたのだが、この席でクックが急病で卒倒。当然、パーマーが毒を盛ったのである。

パーマーは何食わぬ顔で、クックを自分の病院に入院させると、クックの2000ポンドを着服して、自分の借金の返済に使った。その後、クックは急死した。

この事件にクックの義父が疑惑を抱いて、警察に通報。検死解剖されたクックから毒物が検出され、パーマーの悪事は露顕した。

1856年、パーマーは14人を毒殺した罪で絞首刑となった。パーマーは毒殺魔の代名詞となり、後世の毒殺魔グラハム・ヤングの尊敬する人物にも名前が上がっている。

ショック・カウンター

残虐度 

フェチ度 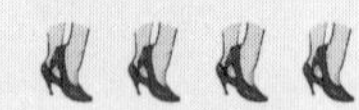

衝撃度 

「毒殺」を一般に広めたパーマーの功罪

ウィリアム・パーマーをアイドル視していたのが、イギリスの毒殺魔グラハム・ヤング。パーマーと同じ毒物・アンチモンを使って、家族から仕事場の同僚まで毒殺しようと企んだ（詳しくは『殺人王』を読んでね）。

シブタツの古典的名作は日本に初めて欧米の毒殺の歴史を詳しく紹介した本。毒物辞典としても読める労作で、「巧妙な医者の犯罪」の章で、ウィリアム・パーマーを紹介している。名前の読みがウイリアム・パルマーになってるけど。

MOVIE

『グラハム・ヤング／毒殺日記』

NOVEL

『毒薬の手帖』

澁澤龍彦（河出文庫）

KILLER KING FILE 031

殺したくてたまらない！
オランダの両刀づかい殺人鬼

ハンス・ヴァン・ゾーン

DATE
後の共犯者となるウーデ・ノルとは、一緒に酒を飲んだときに、殺人をうっかり喋ってしまい、その弱みにつけ込まれコンビを組んだ。

虚言癖と巧みな話術で同性愛者をカモる詐欺師に

1942年、オランダ出身。ハンス・ヴァン・ゾーンはオランダ・ユトレヒトの労働者の息子だった。小さな頃から気が弱く、自閉症であった。

自分の中に閉じこもって、他人にまったく興味を示さず空想癖が強かった。母親はゾーンを溺愛したが、常に息子に偉い人間になれ、金持ちになれと言い、強い上昇思考を植えつけた。

小学校を卒業すると、すぐに働きに出されたが、職場でウソばかりつき、働かないので、長続きせず、職を転々。16歳の時、彼は故郷を捨てて、アムステルダムに進出する。都会に出たゾーンは高いブランドものの服を買って、詐欺師として生活するようになった。身分を聞かれると、学生だと言った。

ゾーンは病的な虚言癖で、口が巧かった。また、非常にハンサムだったので、女の子を口説くのが得意で、ナンパすると女の子はすぐについてきた。ゾーンは何人もの女の子たちから金を搾り取って生活していた。

また、彼はバイセクシャルで男とも寝た。同性愛者の愛人たちからも、言葉巧みに金を出させた。

1964年、ゾーンの犯罪は殺人に発展する。ゾーンはエリー・ハーゲル・セーコブという女の子をナンパした。最初はセックスするだけのつもりだったが、デートする内に、彼の中に殺したいという欲望が沸き上がった。

ゾーンはエリーの部屋へ行

2回戦の欲求を拒まれて絞殺し、さらに切り裂く！

き、セックスしたが、欲情はおさまらず、もう一回しようとしたが、エリーが拒んだため、キレたゾーンは首を締めて殺した。さらに、ナイフで首を切り開いた。

　翌年、ゾーンはクロード・バークレーという映画監督の愛人になる。この監督、ホモだったのだ。だが、やはりセックスの後、ゾーンはバークレー監督を殺した。

　この後、ゾーンは初めて結婚するが、すぐに妻は夫に殺されそうになったと、当局に通報。ゾーンは保護観察下に置かれたが、1ヵ月で釈放される。すると、すぐに彼はコビーという女性に睡眠薬を飲ませた上、鈍器で撲殺。死体を全裸にして、ナイフで何度も刺し、死姦した。

　ゾーンはウーデ・ノルという犯罪者と知り合い、コンビを組んで、80歳の花火職人を撲殺した。彼らは次々と同様の殺人を犯して、金品を強奪。しかし、運良く命を取り留めた被害者が警察に通報して、ゾーンらは逮捕された。ゾーンは終身刑となり、ノルは7年の懲役で済んだ。

ショック・カウンター

残虐度 💀💀💀
フェチ度 👠👠👠
衝撃度 💣💣

性欲を抑えきれずに暴走した殺人鬼たち

オランダのシリアルキラー、ヴァン・ゾーンについては、コリン・ウィルソンの有名な『現代殺人百科』が詳しい。この本では彼は「大量殺人」の章に載っているが、一般に「大量殺人」といえば、短時間に銃器の乱射などによって大人数の犠牲者を出した場合である。『現代殺人百科』の「大量殺人」はどうも定義が違うみたい。

バイセクシャルを始めとする様々な倒錯した性癖が殺人と結びついている事例を集めたのが、『倒錯殺人』で、異様な性癖を押さえつけたがための爆発や、暴走が描かれる。

NOVEL

『現代殺人百科』

コリン・ウィルソン
（青土社）に掲載。

NOVEL

『倒錯殺人』

ジョン・ダニング
（中央アート出版社）

悲劇の家族の生き残りが連続レイプ殺人犯へ転落！

ケリー・スタイナー

DATE　７年間男娼として過ごし、奇跡的に生還した弟の死。職人として尊敬していた叔父の射殺事件。しかしケリーは、自分の犯罪とこのふたつの悲劇は関係ないと明言している。

叔父は射ち殺され弟はホモに誘拐され調教

アメリカ・ネヴァダ州出身。スタイナー家はごく普通のモルモン教徒の家庭だった。ケリー・スタイナーはこの家の長男として生まれた。マンガ家になるのが夢の少年だった。

1973年、彼の7歳の弟、スティーヴン・スタイナーが変質者のケン・パーネルに誘拐されるという事件が起きた。パーネルはスティーヴンをレイプし、フェラチオの特訓をさせて、自分のセックスのオモチャに育てあげた。

パーネルはスティーヴンにペットの子犬を買い与え、デニスという偽名を付けて、小中学校に通わせた。だが、夜になると、この少年の肉体を凌辱していた。

スティーヴンが14歳になった1980年に、パーネルは新たに5歳の少年を誘拐したが、スティーヴンはこの男の子を連れて逃げだし、警察に通報。スティーヴンは一躍マスコミに取り上げられ、全米の有名人になった。

TVのトークショウに出演し、その体験はTVドラマのシリーズとなった。スティーヴンは大金を手にしたが、ドラッグとアルコールで身を持ち崩し、1989年にバイク事故で死んだ。

一方、ケリーは叔父のガラス工場で働いていたが、弟の死の1年後、その叔父が何者かに銃で射殺された。スタイナー家は悲劇の家族と呼ばれ、全米の同情を集めた。ケリーは嫌な思い出ばかりの故郷を捨てた。

1997年、突然、ケリー

放浪の末正気を失い
レイプ殺人犯に変貌！

は故郷に舞い戻ってきた。それまで、彼がどうやって暮らしていたかはよくわかっていないが、身を持ち崩して犯罪に手を染めていたようである。

地元に戻ってからは、修理工の仕事をしていたが、彼は非番の夜に山に入り、全裸になり、マリファナを吸いながらオナニーをする習慣があった。

だが、彼は故郷に帰ってきた時にはすでに正気を失っていたと思われる。ケリーは水道修理をしに行ったロッジで遊びに来ていた42歳の母親とその娘ジュリー（15歳）と友人の少女（16歳）を銃で脅してレイプし、母親と友人を絞め殺した。ケリーは車でジュリーを拉致して、山に連れだし、フェラチオを強要してから、喉をナイフで切り裂いた。

また、彼はジョーイ・アームストロングという女性をレイプして、喉を切り裂き、頭を切断した。死体は川に放置され、すぐに発見された。

ケリーがジョーイをナンパしているのが目撃されており、彼は逮捕された。ケリーは有罪となり、終身刑となった。

ショック・カウンター

残虐度

フェチ度

衝撃度

犯罪とセックスの相関関係を考察

ケリー・スタイナーの事件では、弟が変質者に誘拐され、セックス奴隷にされたあげく、生還の後、メディアスターに祭り上げられてドラッグ中毒となり、事故死。その後、今度は叔父が殺害されるという悲劇から一転、ケリーがレイプ殺人鬼に変身するという奇怪な展開を見せる。同様に不可思議な理解できない事件を集めたのが、『奇怪な殺人』。

レイプを始めとしたセックス殺人の事例集が『セックスキラーズ』で、西欧の歪んだセックス観がいかに容易に人殺しに結びつきやすいかが一目瞭然。

NOVEL

『奇怪な殺人』

ジョン・ダニング
(中央アート出版社)

NOVEL

『セックスキラーズ』

ノーマン・ルーカス
(中央アート出版社)

033

「悪口を言われた」と思いこみ 13分間で13人を拳銃で殺害！

ハワード・アンルー

DATE

子供の頃から、聖書とライフル・フェチとして育つ。第２次世界大戦では大活躍するが、戦場を離れ大学に進学した途端にヒッキーとなり、事件を起こした。

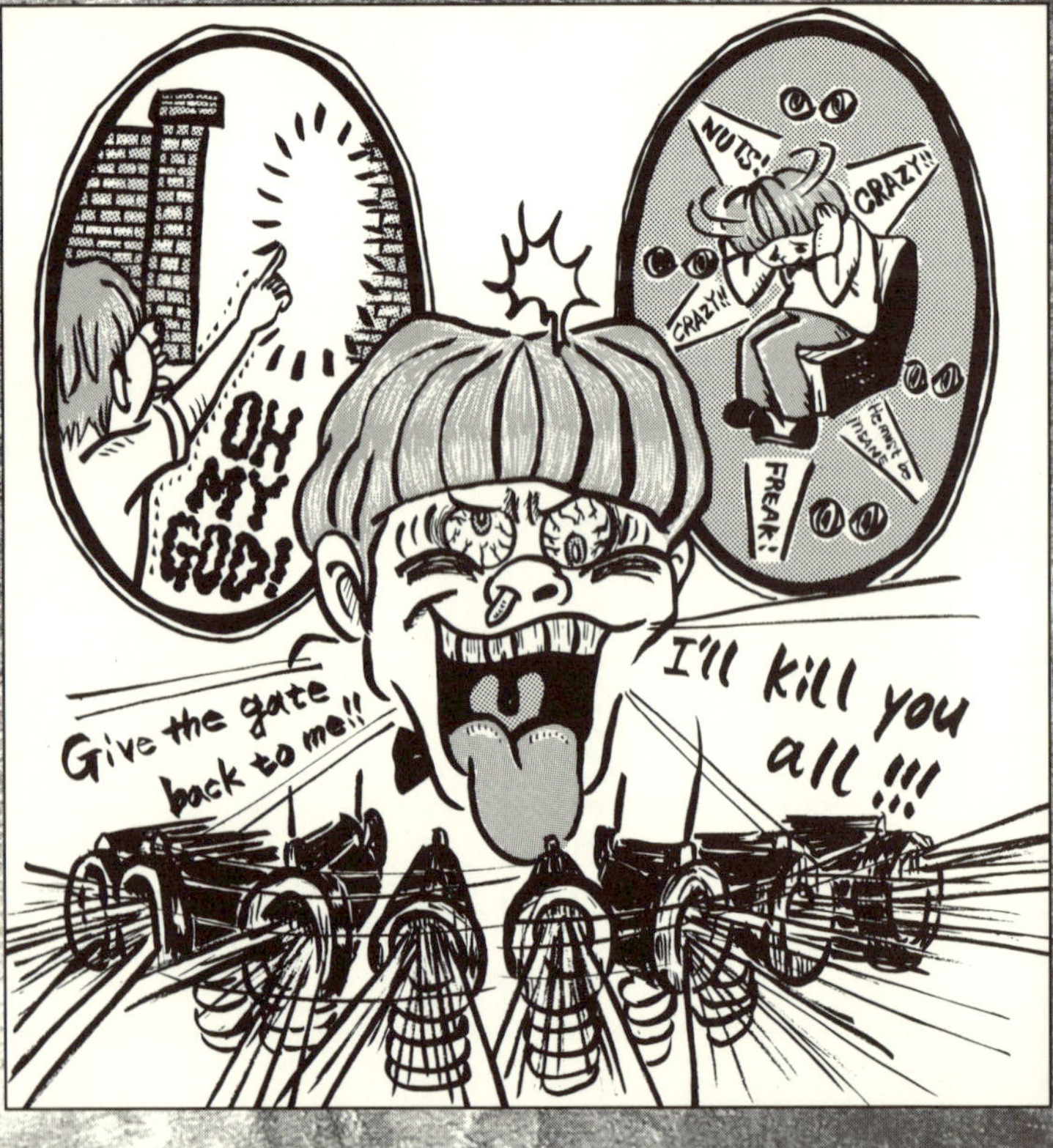

悪口をノートに記録 日記につけてひとりで激怒！

1921年、アメリカ・ニュージャージー出身。ハワード・アンルーはニュージャージーのド田舎で生まれ育った。性格は暗く、消極的で、女性とは話もできなかった。

子供の頃から、『聖書』が大好きで、片時も手放さないほどだった。また、銃器、特にライフルが好きで、ひとりで射撃の練習に熱中した。

第2次世界大戦で招集されたアンルーは軍に入り、腕を見込まれて、射撃兵となり、訓練を受けた。ライフル大好き男のアンルーにとって、軍隊生活は至福の時であった。

実戦ではイタリアとフランスの前線に送られたが、戦車の砲撃手として大活躍した。彼の狙いは非常に正確だったからである。

戦後、フィラデルフィアにあるテンプル大学に進学し、薬学を専攻する。しかし、戦場での活躍とは逆に大学生活は彼にとって楽しいものではなかった。

もともと人付き合いのヘタなアンルーには友達も彼女もなく、両親とも疎遠になっていた。この頃から彼は他人が自分の悪口を言っているという幻聴に悩まされるようになる。分裂病の典型的な症状である。彼は聞こえてくる悪口をノートに記録し、日記につけては、ひとりで激怒するのだった。

アンルーの気持ちを癒してくれるのは、ライフルだけだった。アンルーは悪口が聞こえないように、地下室にこもりっきりとなり、ライフルを

門を盗まれプッツン
無差別に近所を襲撃！

撃ちまくって陶酔する毎日だったが、それでも幻聴はやまない。

アンルーは自力で自宅の周囲に高い壁を作り上げ、立派な門を設置した。安心したアンルーだったがところが、ある日、この門が何者かに盗難されるという事件が起きて、彼はキレてしまった。

1949年9月、アンルーは両手にピストルを持って外に出ると、手当たり次第に近所を襲撃した。

隣家の靴屋を手始めに、ドラッグストア、理髪店、洋服屋などの主人を射殺し、通行人や車にも発砲。恐るべきことに、13分間で、13人を殺した。出動した警官隊に包囲され、アンルーは逮捕された。

精神鑑定にかけられたアンルーは、「俺は精神異常じゃない。正常きわまりない健全な心の持ち主だ」と主張したが、一方で「もっと弾丸があったら、1000人は殺せたのに」と発言。

これが引き金となって、精神に異常あり、しかも、矯正不能と診断され、精神病院に収容されてしまった。

ショック・カウンター

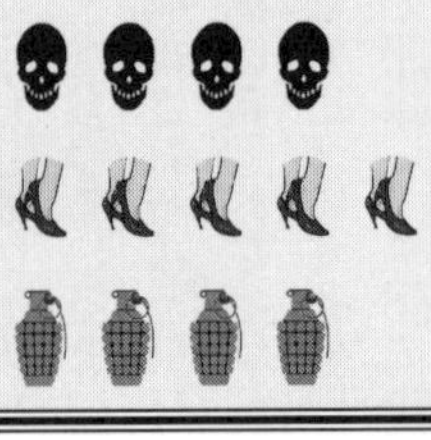

残虐度
フェチ度
衝撃度

乱射でタマッたモノをスッキリ解消？

6人の大量虐殺者をピックアップして紹介したのが、『大量殺人者』。チャールズ・ホイットマンを筆頭にジェイムズ・ヒューバティ、マルク・ルピンといった、銃器マニアの乱射事件集である。いわばハワード・アンルーの先輩たちの事件が一冊にまとまっているわけ。

ホラーの帝王スティーブン・キングの中篇集の方は、タイトル作がナチスの残党の老人と話をする内に洗脳され、殺人鬼になっていく優等生の少年の姿を描いたもの。ラストはライフルを乱射する大量殺人事件になる。

NOVEL
『大量殺人者』

タイム・ライフ編
（同朋舎出版）

NOVEL
『ゴールデン・ボーイ』

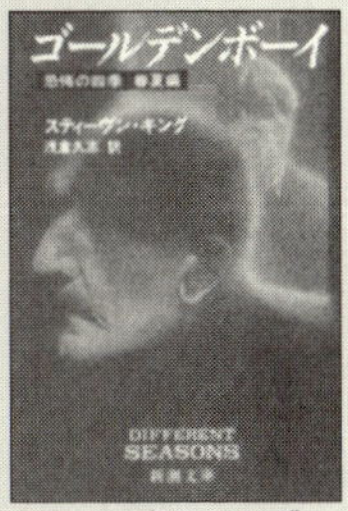

スティーヴン・キング
（新潮文庫）

KILLER KING FILE 034

心霊術で12人を殺害！ カンサスの殺人一家

ベンダー・ファミリー

DATE ベンダー一家は、カンサス州チェリーヴェールで凶行を繰り返した。地元に残る「ブラディ・ベンダーズ」という通り名が、凄惨な事件を物語る。

お触り心霊ショウで獲物を物色！

19世紀末、アメリカ・カンサス州に実在した殺人一家。ベンダー一族はドイツ系移民で、カンサス州チェリーヴェールにログハウスを建てて、宿屋を営み、農場と果樹園を持っていた。

詳しい経歴は誰も知らず、60代のパパ・ベンダー、50代のママ・ベンダーの夫婦と、20代の頑健だが、知恵遅れの長男（名前さえ知られていない）と、美女の妹ケイトの4人家族だった。

妹のケイトは霊能力があるという触れ込みで、当時、流行していた霊媒として名が知れており、宿では彼女の心霊ショウが行われたため、客が殺到。宿は繁盛していた。

ケイトの心霊術は、真っ暗にした室内で、ケイトが神がかりとなり、部屋に用意した大きな箱に入ると、そこから美女の霊が現れるというもので、当時の女性霊媒師の典型的なものである。

美女の霊は実体化しており、客が触ることができるというのが人気の秘密だったが、つまり、ケイトが箱の中で、全裸に白いスケスケ・レースの衣装に着替えて出てくるだけ。

それで、その身体に触ってもいいし、霊が膝の上に座ってオッパイを擦りつけてきたりするわけだから、男性客が押しかけたのであった。

こうして、心霊ショウ目当ての客がやってくると、その内の何人かは、かならず、行方不明になった。パパ・ベンダーと長男ベンダーがハンマーで殴りつけ、喉を切り裂い

ハンマーで殴り喉を切り裂いて殺害

て殺し、身ぐるみ剥がしていたのである。強盗殺人一家だったのだ。死体は家の付近に埋めていた。

　ところが、何人も行方不明になっても、ベンダー一家に疑いはかからなかった。なぜなら、当時のカンサス州にはインディアンの盗賊団が徘徊しているとの噂があったためで、当局はインディアン対策のみに奔走していたのだ。

　1873年3月に医者のウィリアム・ヨークがベンダーの宿を出た後、行方不明となり、弟のヨーク大佐が捜索隊を指揮して乗り出した。大佐自身がベンダー一家を尋問した、その夜、一家は家財もろとも夜逃げして行方をくらましてしまった。

　ヨーク大佐が宿付近を捜索すると、果樹園の地下から兄の死体を始めとして、12体の死体が発見された（バラバラに切断された子供の死体もあった）。

　捜索隊がベンダー一家の後を追ったが、一家の行方はわからなかった（捜索隊がリンチして皆殺しにしたという説もある）。

ショック・カウンター

残虐度

フェチ度

衝撃度

連続殺人事件の黎明期を考察する

殺人研究のパイオニア、コリン・ウィルソンの「殺人ライブラリー」シリーズPART1『殺人狂時代の幕開け』は、19世紀末を連続殺人鬼発祥の時代と捕らえたもの。切り裂きジャックはもちろん、殺人家族ベンダー一家についても詳細。『逆立ちしたフランケンシュタイン』は、科学と疑似科学の関係に焦点を当てた科学史で、科学とオカルトが同じコインの裏表の関係にあった事実を教えてくれる。その中で初期の女性霊媒の手口が詳しく解説されている。ベンダー家の娘の手口も似たようなものだったのだろう。

NOVEL

『殺人狂時代の幕開け』

コリン・ウィルソン
（青弓社）

NOVEL

『逆立ちしたフランケンシュタイン』

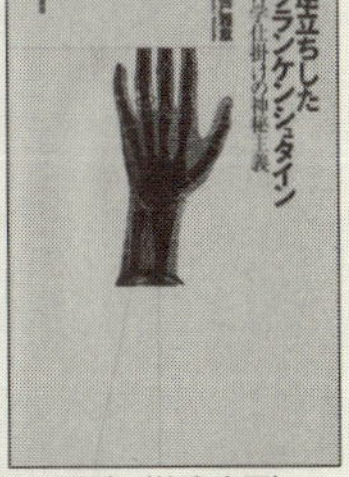

新戸雅章（筑摩書房）

生きたまま斧で首を切断！
正体不明の殺人鬼

アックスマン

DATE 暴力的な殺害手口から、ニューオリンズ市民を震え上がらせたアックスマン。被害者の身内が容疑者として嫌疑をかけられるが、事件は謎を残したまま迷宮入りした。

被害者の首を切断 凶器の斧は現場に放置

アメリカ・ニューオーリンズで1918〜1919年に連続殺人事件を起こした謎の犯人。逮捕されることなく、事件は迷宮入りとなった。

アックスマン（斧男）による最初の殺人だと考えられているのは、1918年5月の事件で、被害者は靴屋を営むイタリア人、ジョー・マッジオ夫妻だった。

マッジオ靴店は兄弟で経営しており、兄のアンドリューと弟のジェイクが斧と剃刀で首を切断された兄夫婦の死体を発見した。犯人は凶器を現場に残し、店から少し離れた路上に、「マッジオ夫人は今夜は眠れない。トニー夫人と同じように」と書かれていた。トニー夫人とは、1911年に、やはり、イタリア人の食料品屋一家が惨殺された事件の被害者の1人。そのため、アックスマンの事件は1911年から始まったとする見解もある。

この事件から2ヶ月後、ポーランド人のベジュメー家がアックスマンに襲われた。妻が斧で殺害されており、夫のベジュメーは血まみれになってはいたが生きていたため、重要容疑者となった。

だが、彼が拘留された夜にも、アックスマンが出現し、エドワード・シュナイダーの新婚の妻（妊娠していた）を斧で襲った。しかし、運良く妻も子供も命を取り留めた。

アックスマンはさらにロマーノ理髪店を襲って、ロマーノを殺害。この時に姪に目撃されており、犯人は黒いソフト帽を被った白人だと証言している。そして、いずれの事件でも、犯人は現場に斧を捨てて逃げている。

ニューオーリンズはアックスマンの凶行にパニック状態となった。戸口に斧を置くイタズラが流行した。1918年に第1次世界大戦が終結し、アックスマンも一休みしたかのようだったが、1919年に再び活動を開始。次々と食料品屋を襲いはじめた。

新聞社に挑戦状を送りつけ凶行を繰り返すアックスマン

ある店の生き残った妻が商売敵の食料品屋の主人を犯人だと告発して、その食料品屋夫婦が死刑判決を受ける騒ぎまであった（後に無実が明らかになり、釈放された）。

しかも、アックスマンは新聞社に挑戦状を送りつけてきた。書面には「また、ニューオーリンズにやってきた。ジャズをかけている家は襲わない」とあった。

アックスマンによる最後の事件は1919年9月に19歳の女の子と食料品屋の主人ペピトーネが襲われた事件で、女の子は命が助かったが、主人は死んだ。以来、アックスマンの犯行は起きなくなった。

ショック・カウンター

残虐度

フェチ度

衝撃度

アックスマンの遺伝子はジェイソンの元に！

犯人が逮捕されなかった迷宮入りの殺人事件の事例集が、「殺人ライブラリー」PART3。ニューオーリンズのアックスマンの他、クリーブランドのヘッド・ハンター、ブラック・ダリア事件などが上げられている。

顔のわからない犯人で、斧が主な凶器といえば、『13金』シリーズのジェイソンを忘れてはならない。PART3以来、おなじみのホッケーマスクで顔を隠し、斧とか鉈みたいな、刃物というより、鈍器に近い武器で犠牲者を葬るジェイソンこそ、アックスマンの名に相応しい。

NOVEL

『殺人の迷宮』

コリン・ウィルソン
（青弓社）

MOVIE

『13日の金曜日』シリーズ

KILLER KING FILE 036

「俺は切り裂き」と処刑直前口走った「ラムベスの毒殺魔」

ニール・クレーム

DATE ４人以上の娼婦をストリキニーネで殺害したとされるクレーム。医師の立場を利用した犯行に、裁判では結審までの時間が約10分という異例の早さで有罪となった。

医業のかたわら、堕胎、恐喝、放火などに従事

1850年、イギリス・グラスゴー出身。T・ニール・クレームはカナダに留学し、モントリオールの医大を卒業した後、アメリカに渡り、1876年にシカゴで開業した。彼は医業のかたわら、殺人、堕胎、恐喝、放火などに従事する犯罪者の顔も持っていた。

クレームは不倫していた愛人メイベル・ストットの夫をストリキニーネという毒物で毒殺するが、メイベルに密告されて、有罪となり、終身刑となってしまう。

だが、奇妙なことに彼は獄中から、ストットの死体を掘り起こして司法解剖すれば、ストリキニーネが検出されるはず、などと捜査に協力しようとした。

この協力的な態度が好印象を与えたのか、終身刑の判決は覆って、クレームは10年の刑期で、1891年に釈放されてしまう。

刑務所を出たクレームは故郷のイギリスに舞い戻り、ロンドンで病院を開業し、何食わぬ顔をして、第2の人生を歩みはじめた。しかし、クレームの犯罪者傾向が完治したわけではなかった。

クレーム先生は夜になると、貧民街のイーストエンドに出没。娼婦を買っては、医者である身分を利用して、彼女たちの身体の故障や病気を巧みに聞き出し、すぐに効くいい薬があるといって、ストリキニーネの錠剤を与えて、殺害を繰り返した。

連続毒殺犯には「ラムベスの毒殺魔」とあだ名がつけら

ロンドンに移り住み娼婦連続毒殺魔に！

れ、娼婦たちに恐れられた。この時、クレームに毒殺された娼婦は4人以上とされている。

　クレームは警察に匿名で、「30万ポンド出せば、ラムベスの毒殺魔の正体を教える」などという手紙を出したりした。警察がクレームに疑惑を抱きはじめると、彼は突然、良家の子女と婚約し、アメリカに逃げだした。

　後に再びロンドンに舞い戻ったが、1892年に彼は別件で逮捕された。クレームの家からは大量のストリキニーネが発見され、また、クレームに毒入りの錠剤をもらったが、飲まなかったために死なずにすんだ売春婦が証人になって、クレームは有罪判決を受けた。

　クレームは絞首刑となったが、処刑執行の直前、「俺は切り裂き」と口走った。首が括られて、そこまでしか言えなかったのだが、これを「俺は切り裂きジャックだ」と言おうとしたのだとして、クレームを切り裂きジャックの正体だとする研究者もいる。

ショック・カウンター

残虐度

フェチ度

衝撃度

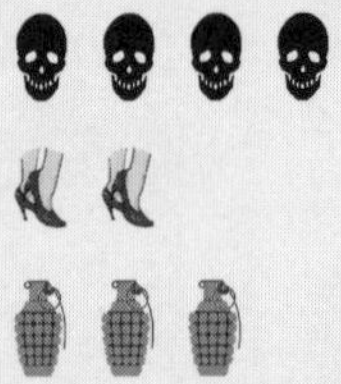

切り裂きジャックは研究の価値アリ!

昔、角川文庫だった時には『殺人の哲学』なんて凄いタイトルだった『殺人ケースブック』。毒殺医師のニール・クレームがハゲで手紙魔だったなんて細かい事例が集められ、その本当の姿が克明に描かれている。

切り裂きジャックの正体ともいわれるクレームだが、その辺を詳しく知りたい人には、本邦で最も切り裂きジャックに詳しいミステリー評論家、仁賀克夫氏による研究本をお勧めする。欧米のジャック本を読破して、成果を採り入れ、新説を展開。ジャック本はこれ一冊で大丈夫。

NOVEL

『殺人ケースブック』

コリン・ウィルソン
(河出文庫)

NOVEL

『図説　切り裂きジャック』

仁賀克夫（河出書房新社
とんぼの本）

ハイウェイを戦場にした銃弾 軍人になりきれなかった殺人鬼

037

ジュリアン・ナイト

DATE 凶行から2日後に、自分が引き起こした事件の重大さに気がつき、ノイローゼ気味に。留置場で暴れ自らを傷つける行為を繰り返した。

ホイットマンに傾倒 暴力事件を起こし高校退学！

1968年、オーストラリア・メルボルン出身。ジュリアン・ナイトは私生児として生まれた。その後、軍人の家の養子になったナイトは、りっぱな軍人である養父を尊敬し、憧れを抱いていた。性格は明るく、活発な子供だった。

しかし、12歳の時に、この完璧とも思われた養父母が離婚。ナイトは養母に引き取られた。この事件はナイトに非常に大きなショックを与え、失望させたが、それを表に出さず、あいかわらず学校では明るく振る舞い、クラスメートを笑わす人気者であった。成績は悪かったが、女の子には大人気で、ガールフレンドもいた。

だが、家で1人になった彼は、連続殺人鬼や大量殺人者の本を読みふけっていた。特にテキサス大学で銃を乱射して、14人以上を射殺したチャールズ・ホイットマン（『殺人王』を参照のこと）に憧れを抱いていた。そのせいか、だんだん暴力性を露にするようになり、事件を起こして高校を退学させられる。

軍人を目指して、陸軍大学に入学するが、軍事教練が大嫌いで、サボッてばかり。そのため、違反行為で告発されてしまう。

この処分にキレた彼は大酒を飲み、泥酔して、上官の軍曹と大ゲンカ。軍曹の顔をナイフで切り裂き、陸軍大学から追放処分となる。この一件で、母親も、ガールフレンドも、彼に愛想をつかしてしまった。

ドライバーは狙い撃ちされ道路上は地獄絵図と化した！

彼女にフラれたナイトは、ぶちキレた。追放の翌月、1987年8月、19歳のナイトは、M—14ライフルと散弾銃を持って、交通量のある幹線道路際に待ち構え、通る車を無差別に銃撃しはじめた。

フロントガラスを割られたり、車体に穴を開けられただけで、運良く逃げることのできたドライバーたちもいたが、23歳のベスナ・マーコスキーという女性や、彼女を助けようとした医者などが次々と射殺された。

銃撃された後続車がパニックに陥り、バイクは転倒して、ドライバーは狙い撃ちされ死亡するなど、道路上は地獄絵図と化した。

警官隊が到着すると、ナイトは逃走しようとし、その過程で警官を発砲。負傷させている。だが、包囲された上、弾丸が尽きたナイトはあっさりと降伏した。

ナイトは45分間で、50台の車に銃撃し、26人を負傷させ、7人を即死させた。逮捕されたナイトは1988年に、終身刑の判決を受けている。

ショック・カウンター

残虐度 

フェチ度 

衝撃度 

ナイトに近づくには ホイットマンが必須！

これもまた、テキサス大学で大量射殺事件を起こしたチャールズ・ホイットマンをモデルにした作品。ナイトにとって、ホイットマンはアイドルで、そのマネをするのは必然だった。映画はピーター・ボクダノヴィッチ監督。『マーダーケースブック71号』は銃乱射犯を手際よくまとめた雑誌で、3人の無差別銃撃事件の犯人の事件と心理を分析。意外に共通点が多いのが不思議だが、ナイトだけはコンプレックスと無関係に事件を起こしているのが注目される。

MOVIE

『殺人者はライフルを持っている！』

NOVEL

『マーダーケースブック71号』

（省心書房）

重婚した女性を溺死させる連続殺人鬼「浴槽の青髭」

ジョージ・スミス

DATE

最初の犯行は、わざわざ金物屋で浴槽を購入し、妻を溺死させた。これに懲りたのか、次からは風呂付きのアパートに新居を構えた。

ハンサムで精力絶倫　オルガンを弾くのが趣味

1872年、イギリス出身。ジョージ・J・スミスは若い頃から犯罪を生業にしていた。ハンサムで、精力絶倫、おまけにオルガンを弾くのが趣味のスミスは、女にモテモテであった。スミスのナンパは100％の成功率だった。彼は26歳の時、19歳の娘と結婚したが、それ以来、重婚を続けた。

1910年に、スミスは2500ポンドの貯金のあるベアトリス・マンディという33歳の年増女に目をつけて、言葉巧みに近寄った。

彼女は階級も上で、教養もあったが、男なれしていない上、結婚に焦っていたので、すぐにスミスの虜になってしまった。

スミスはヘンリー・ウィリアムズなる偽名でベアトリスと結婚。激しいセックスでなんでも言うことを聞くように調教した妻に、財産を夫に譲るという遺言を書かせた。

スミスは2年かけて、妻が病弱であると周囲に宣伝して伏線を張った。そして、手頃な時期になると、入浴していた妻を襲って、浴槽に溜めたお湯に頭を押しつけ、溺死させた。これは検死で事故死と判定され、スミスはまんまと遺産を我が物にした。

妻を殺したスミスは、オルガンで「主よ、汝のみ許へ」という賛美歌を演奏していた。これ以後も、この習慣は変わらなかった。

スミスは別の町に引っ越すと、なぜか本名でアリス・バーナム（25歳）と結婚。彼女

ウブな女性を狙い重婚
浴室で溺死させ遺産を奪う！

に多額の生命保険をかけた。そして、妻とともに引っ越し、その先でまたまた妻は病弱というイメージを周囲の者に抱かせておいて、浴槽に漬けて殺害した。これも事故死と判断され、スミスに保険金が転がり込んだ。

さらに、彼は別の土地に出現して、ロイドと名乗り、マーガレット・ロフティという牧師の娘に生命保険をかけて、結婚。ロンドンに新居を購入して移り住んだが、ここでも、妻が浴槽で溺死するという事件が起きた。

この事件が新聞記事となり、アリスの父親の目に触れた。バーナム氏はこれを見て、自分の娘とそっくり同じ事件が起きていると知り、仰天。警察に通報した。すぐに警察が出動して、スミスは逮捕された。

次々と妻を娶っては殺していた童話の「青髭」そのままの犯罪に、マスコミは「浴槽の青髭」事件と名付けて大々的に報じた。スミスは重婚罪と殺人罪で有罪となり、1915年の夏、絞首刑となった。

ショック・カウンター

残虐度

フェチ度

衝撃度

青髭は由緒正しき名門殺人犯の遺伝子

妻を次々と殺す殺人鬼を指す「青髭」という名の元になったのはグリム童話。美しい娘が金持ちの貴族・青髭の妻になるが、その城には絶対に開けてはならない部屋があり、夫の留守に妻が覗くと、これまでの青髭の妻たちの死骸が満載になっていたというもの。

その後、青髭の悪名を受け継いだのが、ジャンヌ・ダルクの盟友だったジル・ド・レイで、ジャンヌの死後に悪魔に魂を売り、その生贄にするため、子供を誘拐してはレイプして、バラバラに切り刻んだことで知られる。城の地下は死体の山だった。

NOVEL

『グリム童話集』

（岩波文庫）

NOVEL

『青髭ジル・ド・レー』

レナード・ウルフ
（中央公論社）

思いつきで連続殺人を強行！
病院跡取りのバカ息子

チャールズ・ハワード・シュミット

DATE　逮捕された時シュミットは、15歳の少女と結婚したばかりであった。

上げ底ブーツを履く病的なウソつき

1942年、アメリカ・アリゾナ出身。チャールズ・ハワード・シュミットは病院を経営する医者の息子で、非常に甘やかされて育った。親は邸宅の敷地内に彼用の家を建てて、住まわせていた。

彼は身長が低いのを気に病んでおり、上げ底にしたカウボーイブーツを履いて、身長をごまかしていた。この上げ底ブーツのおかげで、普通に歩けず、不自然に足を引きずっていたが、これはマフィアとケンカをして銃で撃たれたためだと言っていた。このエピソードからもわかる通り、シュミットは病的なウソつきであった。その中には、自分は巨大な売春組織のボスで、100種類の体位を駆使できるというものもあった。

しかし、金持ちの息子で、スポーツ万能だったため、女の子にはむちゃくちゃモテた。地元ツーソンはカレッジシティで、シュミットは女子大生をナンパしては、自分の家に連れ帰り、弄んでいた。

メアリー・フレンチという娘などは、完全なセックス奴隷で、シュミットに捨てられるのを恐れ、彼の命じるままにシュミットの父親の病院で働き、給料を全額、シュミットに貢ぐほどであった。

1964年の5月、悪友のジョンと共に全裸のメアリーを責めていたシュミットは突然、「今夜、女の子を殺したい！」と叫び、メアリーを連れて車で、近所のロウ家に向かった。ロウ家は15歳の娘アレンひとりきりだった。メア

3Pの最中に突然叫ぶ「今夜、女の子を殺したい！」

リーがアレンをおびき出すと、シュミットが襲いかかって、激しくレイプした。そして、大きな石で頭を叩き潰してしまった。

次にシュミットはグレーチェンという17歳の美少女に目を付け、彼女が妹のウェンディと共に映画に行った帰りに襲い、どちらもレイプして絞め殺し、死体は砂漠に運んで捨てた。

彼は自分の殺人を自慢したくてたまらず、リチャード・ブランズという友人に打ち明けた。ブランズが疑うと彼を車で砂漠に連れていき、姉妹の死体を見せた。

ブランズは最初、共犯になるのを恐れ、この話を黙っていたが、シュミットの言動が異常になってくるのと、自分のガールフレンドに興味を抱いているのを知って、ついに警察に通報した。

ブランズの証言通り、砂漠で死体が発見。シュミットとメアリーは逮捕された。シュミットは終身刑2回分の判決を受けた（メアリーは5年の懲役）。彼は1972年に脱獄するが、すぐに捕まっている。

ショック・カウンター

残虐度

フェチ度

衝撃度

またの名を「ツーソンのパイド・パイパー」

『現代殺人百科』はいわずと知れたコリン・ウィルソンの殺人研究の代表作。チャールズ・ハワード・シュミットは「絞殺」の項目に入っている。タイトルは、「今夜、女の子を殺したい」で、彼が最初にキレした時の名文句そのまんま。

連続殺人者の心理分析をした『シリアル・キラー』では、第4章の「現代の連続殺人者」の項で、1961年以降のアメリカの主な連続殺人鬼を紹介。その中に「ツーソンのパイド・パイパー」というニックネームで、チャールズ・シュミットも名を連ねている。

NOVEL

『現代殺人百科』

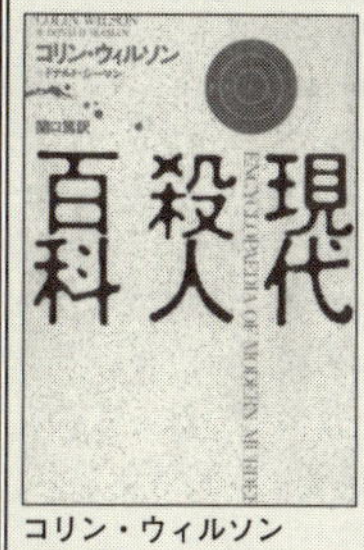

コリン・ウィルソン
（青土社）

NOVEL

『シリアルキラー』

ジョエル・ノリス
（早川書房）

Z級NEWS KING

公共の場で勃起したら犯罪

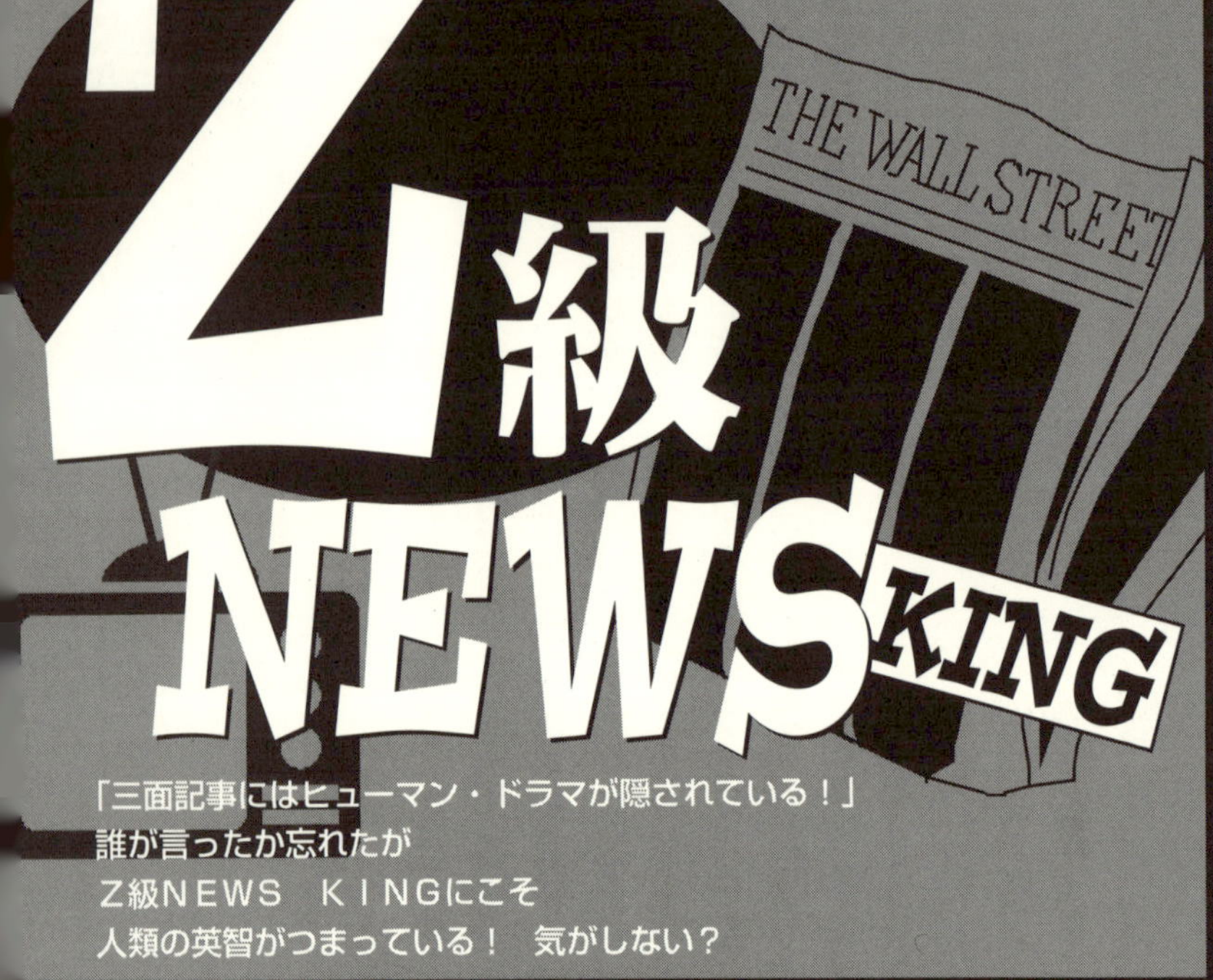

「三面記事にはヒューマン・ドラマが隠されている！」
誰が言ったか忘れたが
Ｚ級ＮＥＷＳ　ＫＩＮＧにこそ
人類の英智がつまっている！　気がしない？

インド人もビックリ
サル男の恐怖

THE WORLD NEWS

金属のような鋭い爪を持ち、身体の半分が猿の「サル男」が襲ってくる。

インド北部ウッタルプラデーシュ州で始まった「サル男」の噂は、首都ニューデリーに飛び火。死者4名を出す大騒ぎを引き起こしたとして、全世界に報じられた。

目撃者の証言はバラバラで、身長は120〜2メートル。ヘルメットにマスクを着用しているものから、全身毛むくじゃらで10メートルの跳躍力を持つ「サル男」まで出現。警察には300件を超える目撃情報が寄せられたが、半分以上がデマ。結局、事態の沈静化をはかった警察がサル男に目立てた「本物の猿」を捕まえ、一件落着した。

ホモにも「見る権利」を！
服役中のニルセンの要求

THE WORLD NEWS

猟奇殺人鬼デニス・ニルセンが刑務所内での待遇について新たな権利を主張した事が物議を醸しだしている。

ホモのニルセンは「さみしいから」という理由だけで、5年間で15人以上の男性を殺害（詳しくは『殺人王』を読んでね）し、終身刑の判決を受けホワイトムア刑務所に服役中である。そのニルセンが「刑務所内で購読している男性ヌード雑誌『ヴァルカン』の肝心な写真が切り取られている。異性愛の受刑者はポルノ雑誌を問題なく見られるのに、同性愛者は不当な差別を受けている」と、ロンドンの高等法院に「見る権利」を申請。被害者の一部家族から非難を浴びている。

射殺、墜落、自虐……
ケネディ家に殺人容疑

THE WORLD NEWS

JFKの弟で司法長官も務めた、故ロバート・F・ケネディの甥っ子である、マイケル・スケークルに殺人の容疑がかかっている。

75年にスケークルの女友達のマーサ・モクスリーがニューヨーク郊外で殺された。当時、隣家に住んでいたスケークルは容疑者の一人だったが、警察の捜査ミスなどで、おとがめなしで済んだ。実はケネディ家の対面を重んじ、うやむやにされたのが真相らしい。ところが、98年に事件を描いた本が出版されたり、検察が極秘に捜査を開始。スケークルの同級生が、「スケークルが彼女にフラれた腹いせで殺し、おまけに彼は彼女の死体を見ながら、オナニーもした」と証言。スケークルはえん罪を主張している。

その前に無免許運転だろ
おもちゃの車で駐車違反？

THE WORLD NEWS

ロンドン北部に住むアマンダ・ライリーさん（22）は、カウンシル（区議会）から息子のジェームズ君（2）宛てに罰金の請求書届いて驚いたという。

請求書には、ジェームズ君が白い乗用車で駐車違反をした内容が記載されており、これに伴う罰金として60ポンド（約10,800円）が請求されていた。しかし、ジェームズ君が持っている「車」はペダルをこいで動く、プラスチック製のおもちゃ。このおもちゃを路上に放置した覚えはなく、またライリーさんは、乗用車をいまだかつて所有したことなどなかった。

タマ(あ)りません！
オカマ妻に去勢され死亡

THE WORLD NEWS

麻薬患者のリハビリ施設に出入りを繰り返す男が入所を終え帰宅した翌々日に死亡。この男は20年以上も前に性転換手術を受けていたタミー・フェルバウム（42）の6番目の夫ジェームスであった。

ジェームスがリハビリ施設から退所して自宅に戻った2日後、麻薬の打ち過ぎで意識不明になり病院に運ばれるが、まもなく死亡。検死の結果、陰部に縫合あとがあり睾丸が摘出されていた。家宅捜索では、自宅手術台の周りから犬や猫の死体が発見され、動物を使っての摘出手術が繰り返されていたことが判明。タミーは「夫が自分で去勢手術を行ったが、失敗した。私は手助けをしただけだ」と弁明している。

「かまゆで」で「煮え湯」を飲まされたトロント市長
五輪落選は「かまゆで」発言のせい

THE WORLD NEWS

五輪誘致に失敗したのはカナダ・トロントの市長メル・ラストマン（68）氏の失言のせいだという非難が地元で吹き出し、苦境にたたされている。

市長は五輪開催を決める国際オリンピック委員会の投票でアフリカ諸国からの票を増やそうとケニアに出張した。出発前に「ケニアくんだりまで行きたくない。踊る原住民の輪の中で、かまゆでにされる私が見える」と語ったことがカナダ各メディアに大きく報じられた。アフリカの委員はもちろん、米国の黒人委員からも反発を招き、市長は釈明と謝罪に追われた。取材で辞任の意志を訪ねられたところ、「辞めるのはお前らの方だ」と声を荒げた。

何もそこまで信用しなくても…
カーナビ信じ川に転落

THE WORLD NEWS

ドイツでカーナビゲーションに頼ってクリスマスのドライブに出かけた57歳の男性と、同乗していた女性が車ごと川に転落する事故があった。

幸い二人に怪我はなかった。しかし、転落はダッシュボードに取り付けられた最新式のカーナビが「ハペル川まで来たらフェリーを使用すべし」との情報を搭載していなかったのが原因。カップルは、当然橋があるものだと思い込んで、暗闇の中を川に向かって突き進んでしまったという。約4メートルの川底から2時間かけて、車を引き上げた警官は「ハイテクも信用し過ぎるのも考えものだ」と話している。

自慢してみるかな俺も
5人の女性が絶倫男を輪姦

THE WORLD NEWS

日頃から周囲に絶倫ぶりを自慢する男性が女性5人に輪姦され被害届提出。

タイ東部シーサケート県郊外のクカン村に住む男性は「オレ様のスタミナは底なし！何人を相手にしても、イチモツはカタいんだ」と村中から無視されても自慢話を続けた。あまりのしつこさにハラを立てた5人の村の娘が相談。タイの正月、水かけ祭りの日に酒を振る舞い男性を挑発。男が調子にのりいつもの絶倫自慢を始めると5人は突然豹変。男性をロープで縛り輪姦。いくら絶倫男でも限りはあり「あら、もうおしまい？　口ほどにもないわね」と女たちから罵られ、インポに。男性は悩んだ末に警察に被害届けを提出。参加した女性は下は20歳、上は47歳の人妻までいたという。

逮捕覚悟で帰国
伝説の列車強盗が帰って来た

THE WORLD NEWS

ロンドンのノースオルト空港。大衆紙『サン』がチャーターした小型ジェット機から降り立ったロナルド・ビッグス（71）はその場で逮捕された。

逮捕された男は、1963年に郵便列車を15人の仲間と共に襲撃。260万ポンド（現在の約87億円）を強奪した伝説の列車強盗犯だ。ワンズワース刑務所から禁固30年の刑で服役中に脱獄。整形をして各国を転々として、約30年前からブラジル、リオデジャネイロに潜伏。70歳を過ぎ、心臓発作で何回か倒れ、母国英国で治療を受けたいというのが帰国理由だと言われているが、最後にひと目祖国を見ておきたいという気持ちがビッグス本心だとされている。

これぞまさしく「悪運」
350億円の宝くじの当選者は強盗犯

THE WORLD NEWS

高額宝くじに当選した人には、少なからずねたみやそねみがつきまとう。しかし、デビッド・エドワーズにはかなり風あたりが強かった。彼は前科ものだったのだ。

賞金総額が全米史上3番目の2億9500万ドルの『パワーボール』の当選者4組が発表され、各組に4140万ドルが支払われる結果となった。

問題の当選者エドワーズは、1980年にガソリンスタンドの強盗で懲役10年の判決を受けて、その後も銃の不法所持などでたびたび刑務所送りになっていた。その後はコンピューター技師として勤めていたが、会社をレイオフされ失業保険も打ち切り間近のギリギリの状態だった。「被害者にわけるべき」との声もエドワーズには届いていない。

脱獄理由は歌手になるため？
ＨＰでネタばれ逮捕

THE WORLD NEWS

エドワード・ソリーは27年前、ニュージャージー州の刑務所に服役中だった。

ソリーは2歳の連れ子を撲殺して懲役20〜25年の刑に服していた。しかし、義母の葬儀に出席するために仮出獄。監視役の隙をみて逃走。以来逃亡生活に明け暮れる。警察はソリーの身内が彼を匿っていると確信し、事情聴取を続ける。しかし、一家の絆は強く確証はえられず捜査は中断された。

25年後捜査は再開された。ダニー・Cという地元で有名な歌手のHPにソリーそっくりの写真が掲載されていたからだ。27年前のソリーの写真を元にCGで加工するとダニーにそっくり。捜査官は自宅近くの海で釣りをしているダニーを逮捕した。

ホントにそんな裁判アリ!?
胎児が母親を告訴

THE WORLD NEWS

母親のおなかにいる間の自動車事故で後遺症がある子どもを出産。生まれた子供が運転していた母親を訴えることができるかどうかが争われていた裁判で、米フロリダ州高裁はこのほど「訴える権利がある」との判断を示した。

訴えを起こしたのは母親のバーバラ・グッドマンさん。1994年に自動車事故を起こし翌日、早産でカーラちゃん（7）が生まれたが、重い後遺症を負った。自動車保険会社がカーラちゃんへの保険金支払いを拒絶したため、カーラちゃんに法的後見人をつけ自分を被告とする裁判を起こさせた。この判決が確定すれば、保険会社はグッドマンさんに代わってカーラちゃんの医療費などを支払う責任が生じるという。

英語が話せないとかそういう問題かぁ!?
ミネソタ州で日本人女性の遺体発見

THE WORLD NEWS

在シカゴ日本総領事館や米地元紙の報道によると、ミネソタ州で発見された女性の遺体が、東京都内に住む日本人女性だったことが分かった。

報道によると、女性はノースダコタ州ビスマークで1人で歩いているところを住民が発見。警察署に連れていかれた彼女は、手書きの地図を見せ、映画『ファーゴ』の中で埋められた100万ドルを掘り出しに来たと告げた。警官らは、映画は作り話だと説明しようとしたが、女性は英語をほとんど話せず、同州ファーゴに向けて出発。同地からミネソタ州のグレートレークスまでタクシーで移動した後、行方不明になり、3日後に遺体で発見された。事件に巻き込まれた様子はなく、凍死の可能性があるという。

そんなコトいったって、立つときゃ立っちゃうって!!
公共の場で勃起したら罰金！

THE WORLD NEWS

米国ペンシルバニア州ロックスデール市では、「公共の場において、股間をエレクトさせた男性を処罰の対象にする」という新条例を可決した。

この新しく出来た条例「勃起禁止法」によると、ロックスデール市内の駅、公園、町中といった、あるゆる公共の場で勃起した男性は、最高で3カ月の懲役、または300ドル（4万円）の罰金を科せられるという。

銀行員は豪遊すべからず!!
4万4000ポンドの飲み食いで解雇

THE WORLD NEWS

1度に4万4000ポンド（約836万円）もの飲み食いをし、周囲をあきれさせた英国の銀行マン5人が解雇された。勤務時間外で代金も自分で払ったものの、綱紀上の問題から職場を追われることになったという。

解雇されたのは英投資銀行バークレイズ・キャピタルの行員。ロンドンの高級レストランで、仕事の成功を祝い1本1万2300ポンド（234万円）もする1947年物の高級ワイン「シャトー・ペトリュース」など高級酒を次々と注文。

豪遊した行員は「勤務時間外に料金も自分で払っている」と主張したが、幹部は「銀行員としてふさわしくない」と判断。1人は入行歴が浅いとの理由で解雇を免れた。

それで平日半額ヤメたんだ？
マック敗訴、1000万ドル支払命令

THE WORLD NEWS

米大手ハンバーガーチェーンのマクドナルドがフライドポテトに動物性成分をひそかに使用しているとして、米ワシントン州などのヒンズー教徒や菜食主義者らが損害賠償を求めた集団訴訟で、同社は牛肉エキスの使用を認め、原告側に1000万ドル（約12億8000万円）を支払うことで和解する見通しになった。

シアトル・タイムズが原告側弁護士の話として報じた。それによると、正式な和解手続きはイリノイ州の裁判所で行われる予定。和解内容には、フライドポテトの成分を消費者らに十分伝えていなかったことを謝罪する新聞広告の掲載も含まれている。マクドナルド集団訴訟は、ワシントン州のほか計5つの州で提起された。

オバちゃんのシミーズみたいな感じ？
宇宙の色は薄いベージュ

THE WORLD NEWS

宇宙の色は青緑ではなく、白に近い薄いベージュでした。

約20万個の銀河を観測し、米天文学会で宇宙の色は「人間の目に見える可視光の波長と強度をすべて平均すると、緑がかった薄い青になる」と発表した米ジョンズ・ホプキンズ大のグループが、この結果を訂正する声明を出した。

観測結果を解析したコンピュータープログラムにミスが見つかり、計算し直した結果、薄いベージュになることが分かったという。

空飛ぶタクシー
ジェット機に吹き飛ばされる

THE WORLD NEWS

ブラジル・リオデジャネイロの空港で、タクシーが離陸準備中のジェット機のジェットに吹き飛ばされ、運転手が意識不明の重体になるという痛ましい事故が起こった。

ボーイング737型機が離陸のため滑走路にいたところ、アントニオ・マセドさん(64)の運転するタクシーが滑走路の端の道路に進入。タクシーは25メートル以上吹き飛ばされて海岸の岩に衝突、タクシーから投げ出され頭や胸を強打したという。組合は「『飛行機が滑走路にいるときは通行禁止』という交通標識が見えにくい。マセドさんはベテラン運転手だが、誤って進入したのではないか」と話す。当局は地元紙の取材に対し「標識に問題はなく、事故は運転手のせい」と話している。

飼い犬に他人かまれる！
犬の飼い主殺人で逮捕

THE WORLD NEWS

米サンフランシスコで、犬が女性をかみ殺し所有者が殺人罪に問われた裁判で、ロサンジェルス地裁陪審員は、飼い主夫婦に有罪判決を下した。飼い犬による事故を殺人罪で訴迫した異例のケースで、米国内中で関心を呼んでいた。

有罪判決を受けたのは、弁護士マージェリー・ノーラ（46）と夫（60）。ノーラー被告に連れられ散歩から戻った体重各約54キロの大型犬2頭が、アパート前で女性（33）を襲い、全身をかんで死亡させた。

検察は、犬が以前からたびたび人を襲いかけていたと指摘。非故意の殺意の罪で起訴した。ノーラー被告は禁固15年、夫は同4年以下が科せられる見込み。

殺人鬼ファイルPART4

人間をエサに高品質なブタを出荷する養豚場経営者

ジョセフ・ブリゲン

DATE

アメリカ・カリフォルニア生まれのジョセフ・ブリゲン。エサとなる従業員は、実はホームレスでサクラメントからサンフランシスコまで調達に出かけていた。

「いいブタを育てる秘訣は「いいエサを食べさせること」

アメリカ・カリフォルニア出身。ジョセフ・ブリゲンは農場経営者だった。といっても、非常に小さな農場を地元サクラメントに持っているだけで、労働者を1人しか雇っていなかった。だが、ブリゲンには特技があって、それは、養豚。ブリゲンはブタをうまく育てることで地元でも有名だった。

彼の農場で育てられるバークシャー種のブタはよく太って、肉付きがいいだけでなく、非常にきれいな毛並みだった。ブリゲンはブタの品評会に出品し、何度も受賞するほどだった。

ブリゲンのブタの評判は高まり、小さな農場でも、いいブタを育てて、売ればかなりの収入を得ることができたのだ。彼はいいブタを作る否決を尋ねられると、「いいエサを食べさせること」と言っていた。

小さな農場で、養豚をする程度の仕事なのに、ブリゲンの農場の労働者は居つかなかった。しょっちゅう、労働者が入れ代わったが、ブリゲンは「どいつもこいつも根性がなくて、逃げだしてしまうんだ」と周囲に説明しており、この説明を地元住民たちは皆、信じていた。

だが、実はブリゲンの農場で働いていた労働者たちは、ブリゲンがサンフランシスコの街で拾ってきたホームレスたちだったのである。

いい仕事がある、すぐにメシを食わせてやると、言葉巧みにホームレスを誘惑し、農

鈍器で殴り殺し　ブタのエサにされた従業員

場に連れてくると、休みなく、重労働をさせた。最低の食い物を食わせて、こき使い、一切、賃金を支払わなかった。

　ホームレスが不満を抱き、辞めると言い出すと、ブリゲンは鈍器で殴り殺してしまった。そして、その死体をブタ小屋に放り込んで、バークシャー種ブタのエサにしていたのである。

　ブタは人間の死体を貪り食い、骨だけを残して、食い尽くしてしまった。ブタたちはその後も人骨に残った肉をしゃぶるので、骨は洗ったようにきれいになった。

　ブリゲンのブタの栄養の秘訣は、人肉にあったのだ。ブリゲンの養豚場は順調だった。

　ところが、1902年になって、農場で働いていた労働者が、ブリゲンの家で切断された人間の指を発見。警察に通報した。

　すると、警察の捜査で、農場やブタ小屋から、大量の人骨が発見されたのである。骨は12人分以上あったとされる。ブリゲンは有罪判決を受け、終身刑となった。幸いブタたちは罪に問われなかった。

ショック・カウンター

残虐度

フェチ度

衝撃度

食糧になるかエサにされるか？ 究極の選択！

トマス・ハリス原作のハンニバル3部作のラストを飾る問題作。レクター博士に復讐しようとするサイコな富豪の考案した殺害方法が、レクターをブタの餌にしようとするもの。そのための特殊なブタを品種改良しているというスゴイ設定である。

ブタじゃないけど、ブリゲンの犯罪に近いのは、B級ホラー『悪魔の沼』で、テキサスのド田舎でモーテルと酒場を経営している殺人鬼ジョー・ポールの物語。この人は自分の店のホステスを大鎌で殺して、飼ってるワニの餌にしてしまうのであった。

MOVIE

『ハンニバル』

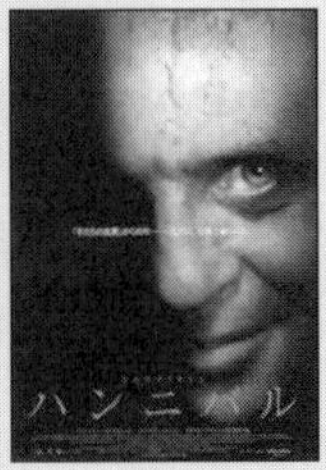

MOVIE

『悪魔の沼』

結婚をエサに14人以上を殺害
「ブラック・ウィドウ」愛欲殺人

ベル・ガネス

DATE

夫が謎の事故死してからのベルは、愛人と農場を経営。新聞に「結婚相手募集」の広告を自ら掲載し、獲物を物色。つられて農場を訊ねてきた男性が次々と行方不明になった。

事件・事故の度に支払われる多額の保険金

1859年、ノルウェー出身。ベル・ガネスはノルウェーに生まれたが、後にアメリカ・シカゴに移住。アメリカでベルは結婚するが、彼女の住む家は次々と原因不明の火事が起こった。その度にベラは多額の火災保険金を手に入れた。その内、夫が謎の事故で死亡。

多額の生命保険金を手にしたベラは、悲しい思い出のある土地にはもう住めないとして、子供たちと共にインディアナに引っ越す。

この地で、彼女は大農場経営者と再婚。しかし、この夫も謎の事故で死んでしまう。保険金を手に入れ、農場を引き継いだベルは、農場の労働者レイ・ランフェアと肉体関係を持つようになった。以来、ランフェアはベルの愛人&犯罪の共犯者となった。

その後、ベルは新聞に「結婚相手募集」の広告を出すようになる。広告には「当方、美しく、裕福な未亡人。裕福な男性と結婚を前提にした交際を求む。面白半分の方はお断り」とあった。また、なぜか、注記に「親類縁者のある方」は応募資格がないとされていた。この広告は功を奏して、ベルの農場には多数の夫候補が殺到した。

夫候補たちは、事前にベラから連絡を受け、結婚資金や、農場の抵当権を抜くのに必要だと言われて、大金を持参していた。だが、この農場から帰ってきた男はいなかった。

ベルとランフェアが2人がかりで斧で殺害し、金を奪っ

結婚相手の条件は身よりのない男性のみ

ていたのだ。死体はバラバラにして農場に埋めた。さらにベルは新聞に「結婚相手募集」の広告を出しまくった。こうして、14人以上の男性が殺害されたと推定される。

最後のベラの被害者には弟がおり、彼に追求され、犯罪が発覚しそうになったベラは屋敷に火を放って自殺したとされる。

焼け跡からは、3人の子供の死体と共に、首なしの女性の焼死体が発見されたからだ。ランフェアが殺害容疑で逮捕され、その証言により、農場から何体もの死体が掘り出された。

だが、この首なし死体はベラが自分は死んだと思わせるための偽装で殺した別人だと思われる。なぜなら、犠牲者たちから奪った金品が一切、発見されなかったからである。今では、ベラが財産を持って逃走したと考えられている。

ベラには、セックスした後、オスを食べてしまう、ブラック・ウィドウ・スパイダー（黒後家蜘蛛）から、「ブラック・ウィドウ」のあだ名が付いた。

ショック・カウンター

残虐度
フェチ度
衝撃度

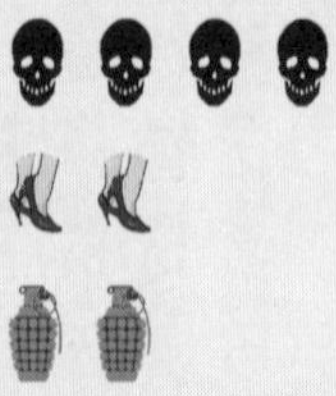

複数存在する「ブラック・ウィドウ」

女帝から魔女、女泥棒、愛人などまで、悪女を分野別に分類した本が、『世界の悪女たち』。「犯罪の女王」の章に、女青髭ベル・ガネスが登場。上流階級から下層階級までが女性という観点だけで並列に収録されているのが面白い。『情熱の殺人』はおなじみ、「殺人ライブラリー」のPART2。女性犯罪者が起こした情痴殺人事件を収集しているが、サイコやシリアルキラーの要素があまりない。面白いのは、ブラック・ウィドウというあだ名の女性が複数いることかな。

NOVEL

『世界の悪女たち』

マーガレット・ニコルズ
（教養文庫）

NOVEL

『情熱の殺人』

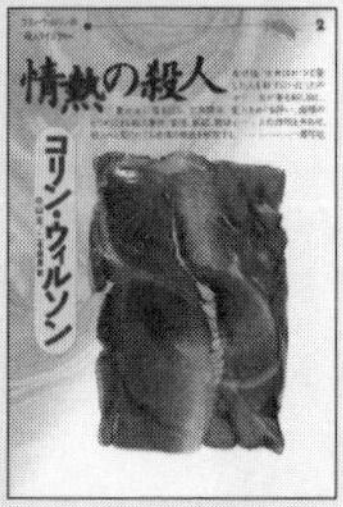

コリン・ウィルソン
（青弓社）

「ゴリラ殺人鬼」として全米を震撼させたSEX連続殺人鬼！

アール・ネルソン

DATE 主に女性アパート経営者を狙って犯行を重ねたネルソン。裁判では精神鑑定が焦点となった。しかし、数々の偽名を使い大量殺人を犯したネルソンに精神異常は認められず、死刑を宣告された。

21歳で少女をレイプ 自称キリストそっくりさん

1897年、アメリカ・フィラデルフィア出身。本名アール・レオナード・ネルソン。子供の頃に母親は父親から感染した性病で死亡。

10歳の時、交通事故に逢い、以来、激しい頭痛の発作に悩まされるようになる。また、同時期から従姉妹の着替えを覗き見ながらオナニーを始めた。

21歳で少女をレイプして逮捕され、精神病院に収容されるが、何度も脱走。しかし、いずれも従姉妹の着替えを覗いていたところを逮捕されている。

ネルソンは『聖書』が大好きで、常に持ち歩き、自分はキリストにそっくりだと自称していた。物好きな女性と結婚するが、妻は夫の異常な行為に精神衰弱に陥って入院。ネルソンは病院に押し入って、妻をレイプし、逃走した。

1926年、ネルソンはサンフランシスコに姿を現し、下宿屋の女主人クララ・ニューマン（60歳）を全裸にし、何度もレイプして、真珠のネックレスで絞殺した。これが、最初の殺人で、以来、ネルソンは全米で賃貸の部屋のある女性大家を狙っては、強姦殺人をして回った。

事件はサンフランシスコの後、サンホセ、オレゴン、アイオワ、フィラデルフィア、バッファロー、デトロイト、シカゴと一定せず、犠牲者は20人以上になり、中には14歳の少女や、生後8ヵ月の赤ん坊までいたので、犯人の特定が遅れた。マスコミは犯人を

「闇の絞殺魔」と名付けて、大々的に報道。

　そのうち、警察に犯人らしい男に部屋を貸したという女性が現れた。

　その証言によると、犯人はいつも『聖書』を持ち歩く小柄な青年で、色が浅黒く、口許から顎にかけてがサルに似ているというのである。

　これを聞きつけたマスコミは一転して、犯人を「ゴリラ殺人鬼」と呼びはじめた。

死体を3日間レイプ 8カ月の赤ん坊も毒牙に！

　その間にネルソンはカナダに出現し、またまた下宿屋の女主人を始め、数人をレイプして殺害。ネルソンは借りて住んでいた部屋に、14歳の女の子の死体を運び込み、バラバラに切り刻んで、3日間、死体をレイプして過ごした。

　その後、レジナという町に現れたネルソンは女性を襲っているところを目撃され、逃走。警察に追い詰められて、ついに逮捕された。

　1927年、ネルソンは有罪となり、死刑判決を受けたが、最後まで無罪を主張した。しかし、翌年、絞首刑が執行された。

ショック・カウンター

残虐度 

フェチ度 

衝撃度 

欧米の犯罪者は「サル顔」が定説？

サルみたいな顔だから、「ゴリラ殺人鬼」っていうネーミングがスゴイが、昔から欧米では犯罪者の顔はサルに似ているという説が有力だった。ジキルとハイドは二重人格ものの古典だが、映画版ではかならず美男のジキルが薬品で悪人ハイドに変身すると、ゴリラみたいな男になってしまう。類猿人が殺人事件の犯人といえば、モルグ街。推理小説の古典的名作で、人間には不可能ではないかという女性惨殺事件が起きる。その犯人は、なんと、オランウータンだった！　という驚愕のオチである。

MOVIE

『ジキル博士とハイド氏』

NOVEL

『モルグ街の殺人』

エドガー・アラン・ポー
（新潮文庫）

死体置き場と化したモントリオール工科大学！

マルク・ルピン

DATE ルピンは父親が母親に暴力を振るう家庭環境に育つ。また本人もその標的とされ、屈折して成長。友だちやガールフレンドも出来ず、一人暮らしの孤独が更に狂気を加速させた。

軍隊や戦争に惹かれ女性の着替えを覗きオナニー

1964年、カナダ出身。マルク・ルピンはアルジェリア人の父親とカナダ人の母親との間に生まれた。

父親は乱暴者で、妻はもちろんルピンと姉にも暴力を振るった。この父親は女は奴隷だという固定観念に捕らわれており、男尊女卑の思想を息子に植えつけた。

両親は離婚し、ルピンは母親に引き取られたが、父親の恐怖に怯えて育った。性格は暗く、友達は一人もいなかった。当然、彼女だっていない。彼は軍隊や戦争に強く惹かれ、熱中した。また、隣室の女性の着替えを覗き、オナニーに耽る毎日だった。

その後、彼はエンジニアになる夢を抱く。そのために勉学に励んだが、しかし、22歳の時、カナダの名門、モントリオール工科大学の受験に失敗。この失敗にレピンは激しいショックを受けた。何故、優秀な自分が受験に失敗したのか。

レピンが思いついたのは、工学部の女子学生の増加だった。「男の世界だったエンジニアの世界に、女が進出したから、定員数が埋まり、自分が受験に失敗したのだ」と勝手に思い込んだのだ。

彼は女の権利を主張するフェミニズムを嫌悪し、この世界の諸悪の根源はフェミニストにあると結論した。彼は警察や企業に、女性を採用するなという抗議の手紙を出したが、彼の狂った抗議に耳を貸す者はいなかった。

そして、1989年の年末、

諸悪の根源はフェミニスト 大学構内でライフルを乱射

レピンは銃やライフルで武装すると、モントリオール大学に向かった。

レピンは工学部に赴くと、授業中の教室に乱入。ライフルで脅して、教室内にいた男子学生と女子学生を部屋の両側に分けた。しかし、この段階では、学生たちは、これを学期末によくある、お調子者の学生のブラック・ジョークだと思っていたようである。レピンは集合した男子学生を教室から出すと、残った女子生徒9人に、「俺はフェミニストと戦うためにやってきた！」と叫ぶと、発砲。この乱射により、6人が死亡した。

この光景を見て、ようやく学生たちはパニックに陥った。レピンは「俺は女に用がある！」とわめきながら、生協や学食へ行って、目についた女子学生を銃撃した。この乱射で14人が死に、13人が負傷した。そして、レピンは自分の頭をライフルで吹っ飛ばして自殺した。彼は遺書を持っており、そこには「俺の人生を破滅させたフェミニストの息の根を止めてやる」と書かれていた。

ショック・カウンター

残虐度

フェチ度

衝撃度

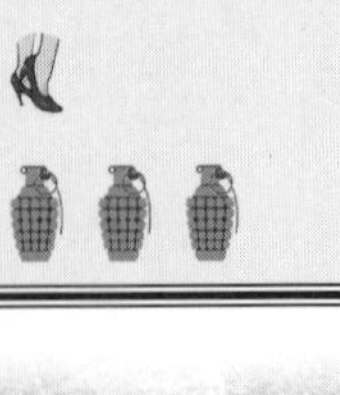

銃がもたらす狂気の犯罪 無差別殺人の恐怖！

乱射事件といったら、『殺人王』で取り上げたチャールズ・ホイットマンを抜きには語れない。以降の乱射犯人は皆、ホイットマンをモデルにして犯罪に走っているからだ。『パニック・イン・テキサス・タワー』も、そのまんまホイットマンをモデルにした、76年のTV映画である（未ビデオ化）。

乱射犯をまとめて紹介しているのが、『マーダーケースブック』の射殺犯特集号。マイク・ルピンの他、ロバート・プーリン、ジュリアン・ナイトの3人を心理分析。写真資料が豊富で便利。

MOVIE

『パニック・イン・テキサス・タワー』

NOVEL

『マーダーケースブック71号』

（省心書房）

KILLER KING FILE

044

リモコンを取りに殺害現場に舞い戻る恐怖のハンマー男！

アダム・モス

DATE

モスは犯行の前にもドラッグ使用の罪で服役し、事件の１週間前にはガールフレンドに暴力で訴えられ、更に実弟を脅迫した容疑で裁判所から出頭命令が出ていた。

10代で25回の逮捕歴 成人後は無能なジャンキー

1978年、アメリカ・アイオワ出身。アダム・マシュー・モスはアイオワ州スーシティーに住む、知能指数の低い男だった。子供の頃から犯罪に走り、10代の間に25回の逮捕歴があり、成人後も窃盗と強盗を繰り返した。しかも、ドラッグ中毒者で、逮捕されては、刑務所や矯正施設に入るの繰り返しであった。

そんな男でも結婚したことがあり、2人の子供までいた。しかし、妻は夫のあまりの無能とジャンキーぶりにあきれて離婚。当然、2人の子供たちの養育費支払いの義務があったが、これも拒否（というか無視）して、元妻から起訴を起こされていた。

その後モスはダンボール会社に職を得て、同じ会社に勤務するレティシア・アギラー（31歳）という女性と恋に落ち、同棲生活を送っていた。

レティシアは離婚経験者で、彼女には上は12歳、下は6歳の5人の子供がいた。

彼女はどうやら、ダメ男とくっつく共依存の傾向があったのであろう。また、そうでなくても、モスはモテる男だったようで、別の彼女もいた。だが、この女性に暴力を奮って訴えられた。また、実の弟を脅迫して金を脅し取ろうして、これも訴えられていた。

そんな2001年の8月末、モスはレティシアをハンマーで殴り殺した。そして、頭部の割れた彼女の首をナイフで切り裂いた。モスはレティシアの子供たちを次々とハンマーで襲って、撲殺していった。

同棲相手をハンマーで撲殺
血の海からテレビを盗む！

アギラー一家を皆殺しにしたモスはテレビを盗み、レティシアの車に積んで、逃走した。死体はベビーシッターに発見されて、警察が出動。

だが、モスはすでに、もう一件の凶行に及んでおり、近所のタイヤ会社社長宅を襲って、社長をハンマーで殴り殺していた。かつて、モスはこのタイヤ会社で働いていて、首になったのを恨んでいたのだ。彼は社長の車に乗り換え、テレビを持って逃げだした。モスは車を乗り捨てたが、車内から彼の指紋が発見され、指名手配となった。

モスは質屋に現れ、テレビを金に代えようとした。この時、店員に「リモコンはどうした？」と聞かれたモスは「取ってくる」と言い残して、店を出ると、アギラー家に向かった。当然、殺人事件現場には警官が大挙して捜査中。それを見たモスは質屋に戻って「リモコンはなかったよ」と言った。質屋に手配写真が回ってきたのは、この直後。店員の通報でモスは逮捕された。現在も動機の追求と捜査は続行中である。

ショック・カウンター

残虐度 💀💀💀💀

フェチ度 👠

衝撃度 💣💣💣

凶器の選択によって犯人の残虐度を知る

アダム・モスの凶器はハンマーで、次々と被害者の頭部を叩き潰したわけだが、凶器としてのハンマーのイメージといえば、メタリカのファースト・アルバム『キル・エム・オール』のジャケット・デザイン。ハンマーとたっぷりの血糊が真っ赤な色で描かれ、非常に印象的だし、タイトルにもピッタリだ。このジャケもアメリカで問題になったが、実はこれは変更されたデザインで、もとは便器からナイフを持った手が突き出している写真だった。モスのような血も涙もない犯人については、『冷血殺人』を見よ。

MUSIC
『キル・エム・オール』

メタリカ

NOVEL
『冷血殺人』

ジョン・ダニング
（中央アート出版社）

サディスティックなリズムを刻むジャズ・ミュージシャン

メルヴィン・リース

DATE

密告により逮捕されたリース。もちろん、殺人を綴った日記も証拠になったが、運良く逃げ延びた軍曹の面通しで警察は確証を得た。得意楽器はピアノとギターとサックスとクラリネット。

サディストでセックス好き誇大妄想癖のジャンキー

アメリカ出身。詳しい経歴や出身地、生年月日もよくわかっていない殺人鬼、メルヴィン・リースは自称ジャズ・ミュージシャンで、普段はレコードショップで働いていた。

リースは背が高く、目つきの鋭い男だった。彼はLSDや覚醒剤をはじめとする各種ドラッグで、常日頃からフラフラで、誇大妄想に取りつかれていた。また、非常にセックスが好きな上、サディストであった。

1957年6月に、リースは車の中でペッティングしていた陸軍軍曹とその彼女に近づくと、ヒッチハイクさせてくれと申し出た。軍曹は彼女の肉体をいじくり回すのやめ、彼を車に乗せてやったが、リースは銃を出して、いきなり、女の子の頭部に発砲して、即死させた。同時に軍曹は車から脱兎の如く逃げだして、警察に通報した。

彼が警官と共に現場に戻ってくると、頭を撃ち抜かれた彼女は全裸にされており、何回も死姦されていた。警察が付近を捜索すると、一軒の廃屋が見つかり、内部の壁はポルノ写真でビッシリと埋め尽くされていた。

1959年1月には、リースは家族連れの乗った車を止めると、やはり銃で脅して、人気のないヴァージニアの片田舎へ車を走らせた。家族連れはキャロル・ジャクソンと妻のミルドレット、そして、娘のスーザン（5歳）とジャネット（赤ん坊）のジャクソン一家だった。

ヒッチハイクで一家皆殺し！
5歳の娘をレイプ後殺害

リースは4人家族を隠れ家に運び、夫と赤ん坊を射殺した。そして、妻のミルドレッドを何回もレイプした。人妻の凌辱に飽きるとストッキングで首を絞めて殺した。さらに5歳のスーザンを犯して、撲殺した。一家の死体はメリーランドで発見されている。

リースはさらにメリーランドで、4人の少女を拉致監禁しては、レイプして殺害していた。リースはこれらの犯行を細かく日記に書いている。

ジャクソン一家の殺人事件から4カ月。警察に「犯人はメルヴィン・リースだ」という密告の手紙が届いた。密告したのはグレン・モーザーという男で、ジャクソン一家殺人事件の前にリースと会ったことがあった。

モーサーに対してリースは「殺人は悪くない。良いか、悪いかを決めるのは個人の基準だけだ」と語ったという。

リースはアカンソー州メンフィスのレコード・ショップで逮捕された。発見された殺人日記が証拠となって、リースは1961年、死刑になっている。

ショック・カウンター

残虐度	☠☠☠☠☠
フェチ度	👠👠
衝撃度	💣💣💣💣💣

無計画な犯罪は知的犯罪者の特徴？

ジャズマンにしてシリアルキラーのメルヴィン・リース。コリン・ウィルソンがこんな面白い設定の犯人を見逃すわけがなかった。早くも『殺人ケースブック』で紹介しているが、さらに、「殺人ライブラリー」PART4の『猟奇連続殺人の系譜』でも、リースにページを割いている。

　面白いのは、この無計画な犯人を、コリン・ウィルソンが「知能犯たち」の章の筆頭で取り上げていること。自分の殺人を肯定する論旨があるせいだと思うが、知的かどうかは意見が分かれると思うなあ。

NOVEL

『殺人ケースブック』

コリン・ウィルソン
（河出文庫）

NOVEL

『猟奇連続殺人の系譜』

コリン・ウィルソン
（青弓社）

映画『乙女の祈り』のモデル 16歳の少女が母親を撲殺！

ジュリエット・ヒューム&ポーリーン・パーカー

DATE

ジュリエットとポーリーンの裁判では、母親の頭部が、形跡を残さないくらいに破壊された殺害方法より、ふたりの自己中心的な思考や、レズ行為が糾弾された。

空想の世界に閉じこもりレズビアン行為に熱中!

ジュリエット・ヒュームは、1938年、イギリス出身。ポーリーン・パーカーは、1938年、ニュージーランド出身。ポーリーンは、成績が良く、空想癖のある16歳の女子高生だった。

ある日、ポーリーンの通う高校に、ジュリエットという、イギリスからの転校生がやってきた。ジュリエットは大学教授の娘で、父親の仕事の都合でニュージーランドに引っ越してきたのだった。彼女も頭のいい娘で、やはり非常に空想癖の強い美少女であった。

この同様の精神傾向を持つ2人はすぐに意気投合し、親友になった。2人きりの空想の世界に閉じこもり、詩や小説を書くことに熱中。他の学校の友達との接触を絶って、ファンタジー小説を書いた。

それは、ボロヴィニア王国なる空想の国の年代記で、複雑な家系図があり、女子高生が書いたものとは思われない完成度だった。

小説を書く以外の時間は、ジュエリットとポーリーンはレズビアンのセックスに夢中になっていた。2人は全裸でからみつき、おたがいの肉体を愛撫し、いつまでも続く痺れるような快感の虜になっていたのだ。彼女たちは、これを「聖人の愛を交わす」と称していた。

この関係は両家の知るところとなり、親たちは交際に反対したが、立ちふさがる障害によって、2人はますますレズ愛を強めただけだった。

そんなおり、ヒューム家は

2人合わせて45回も殴打！未成年を理由に5年で釈放

南アフリカに引っ越すことになった。離れ離れになりたくない彼女たちは、どうすれば、2人揃って南アフリカに行けるかと考えた。

そこで、結論されたのが、ポーリーンの母親を殺せばいい、という短絡かつ幼稚な案であった（パーカー家は母子家庭だったらしい）。

1954年6月、ジュリエットとポーリーンは、母親のメアリー・パーカーを襲って、レンガで殴り殺した。2人合わせて、45回も殴っており、メアリーの頭部はグチャグチャになっていた。

レズ・カップルは逮捕されたが、未成年であることから、5年後に釈放されている。これには、2人が2度と会ってはならない、という条件がついていた。

ジュリエットはイギリスに帰国し、改名して生活。後にアン・ペリーというペンネームで、ミステリー作家となって大成功している（邦訳もある）。ポーリーンはニュージーランドで書店を経営。

ショック・カウンター

残虐度
フェチ度
衝撃度

ヒュームはアン・ペリーとして作家デビュー!!

女子高の生徒、ポーリーンは転校生のジュリエットと恋に落ち、レズビアンの道をまっしぐら。2人だけの世界を壊そうとする母親を惨殺する。実際の事件を美しい映像で作品化。見どころは2人の夢見る幻想世界がSFXで描かれるシーン。成長したジュリエット・ヒュームは作家になった。そのペンネームがアン・ペリー。19世紀のイギリス、ヴィクトリア朝時代中頃を舞台にしたミステリーのシリーズで人気を得た。邦訳もあり、この『災いの黒衣』はシリーズ2作目。巧みなストーリー展開と強力な描写力がある。

MOVIE

『乙女の祈り』

NOVEL

『災いの黒衣』

アン・ペリー
（創元推理文庫）

トルーマン・カポーティ『冷血』のモデル

リチャード・ヒコック&ペリー・スミス

DATE 裁判での２人は、互いに罪をなすりつけ合い、醜態を晒した。実際に奪った金額も40～50ドルだった。

ヒコックとスミスは病的な犯罪者！

リチャード・ヒコックは1932年、ペリー・スミスは1929年生まれ。どちらもアメリカ出身。リチャード・ヒコックは生まれながらの犯罪者で、数々の事件を起こし、刑務所とシャバを往復する人生を送っていた。彼は自動車事故で入院して以来、定期的にひどい頭痛に悩まされる発作を起こすようになった。

ヒコックは刑務所でフロイド・ウェルズという囚人と同じ房になり、話をする内、ウェルズがかつて働いていた農場の話に強い興味を抱いた。

ウェルズがいたのは、カンザス州ホルカムのクラター農場だった。小麦の大農場で、経営者のハーバート・クラターは大金持ちで、地元の名士だった。妻と10代の息子と娘の3人家族は幸せな生活を送っていた。

このクラター農場の詳しい話を聞いたヒコックは非常に興奮し、ウェルズに、「この刑務所を出たら、ペリー・スミスという相棒と共に、その農場を襲って、金を奪い、目撃者は全員、殺してやる」と宣言するのだった。

ヒコックは刑期を終えて出所すると、すぐにスミスと合流した。スミスも犯罪者で、偏執病の持ち主だった。この病的な犯罪者コンビは、1959年にクラター農場に押し入った。

2人はクラター一家を縛り上げ、猿ぐつわを噛ませて、地下室に連れていき、ハーバート・クラターの喉をナイフで切り裂いた。その上、銃で

クラター一家を皆殺し金品を強奪して逃走！

頭を撃って、止めを刺した。次にクラター夫人と子供たちにショットガンを乱射して、殺害した。一家を皆殺しにしたヒコックとスミスは、豪邸を荒し回って、金品を強奪して逃走した。

警察が捜査に乗り出したが、手がかりがなく、この強盗殺人事件は迷宮入りになりかけた。ところが、警察に意外な協力者から、有力情報がもたらされたのである。それは、ヒックスにクラター農場の情報を教えたウェルズだった。

彼はまだカンザス州の刑務所暮らしをしていたが、ニュースで事件を知り、当局にチクったのだ。この情報により、あっさりヒックスとスミスはラスヴェガスで逮捕されてしまった。

逮捕されたヒコックとペリーはおたがいに罪をなすりつけあった。この法廷での見下げ果てた態度に陪審員は呆れ果て、全員一致で有罪判決を出した。1965年、ヒコックとスミスは同じ日に仲良く絞首刑となった。この事件はトルーマン・カポーティの『冷血』のモデルとなった。

ショック・カウンター

残虐度 

フェチ度 

衝撃度 

活字と映像でヒックスとスミスを体験する！

アメリカのアンファン・テリブル（恐るべき子供）と呼ばれた文豪の代表作。ヒコックとスミスによる、クラター家殺害事件を入念に取材して書かれたノンフィクション・ノヴェル。カポーティはリアルタイムで新聞でこの事件を知り、強い興味を持つ。次いで犯人が逮捕され、彼の興味はさらに強まった。裁判の過程や、被害者の知人、犯人たちの立ち回り先にも取材に出かけ、探偵を雇って、データを収集。この大作を仕上げた。映画版はリチャード・ブルックス監督が、ドキュメンタリー・タッチで制作した。

NOVEL

『冷血』

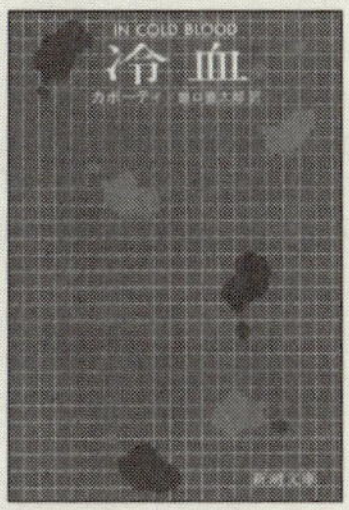

トルーマン・カポーティ
（新潮文庫）

MOVIE

『冷血』

エイズをうつされた！ 元カレが恋人一家を襲撃

レイナルド・ロドリゲス

DATE

マリアとの別れがショックのあまり、エイズをうつされたと逆ギレしたロドリゲス。マリアのＨＩＶ検査結果を聞いても納得できず、犯行に及んだ。

バツイチ女性にフラれ鬱病状態になりひきこもり

1966年、アメリカ・カリフォルニア出身。レイナルド・ヘレラ・ロドリゲスはメキシコ移民の家族に生まれた。

カリフォルニア州交通局で、エンジニアをやっている独身男で、性格は明るく、対人関係も良好だった。子供が大好きで、近所からは人付き合いのいいナイスガイとして通っていた。

そんなロドリゲスは2000年にあるパーティーで、マリア・リオスという23歳の女性と知り合い、交際を始めた。マリアは離婚歴があり、3歳の娘がいたが、ロドリゲスと熱い恋に落ちたのだった。

マリアの実家はメキシコ移民のカルデロン家で、この家は移民としては成功した一家で、精密機械工場とクリーニング店を経営しており、家族仲も良かった。しかし、ロドリゲスとマリアの恋愛もそう長くは続かなかった。

ナイスガイと評判の彼は、実はかなりしつこい性格で、非常に嫉妬深く、マリアを自分の元に縛りつけるような粘着質タイプだったのだ。しつこい性格に愛想をつかしたマリアが別れ話を持ち出し、彼の元を去っていく。

ロドリゲスは、この別れに非常に強いショックを受け、鬱病状態となり、家に引きこもってしまった。この間にロドリゲスの精神状態は悪化し続け、被害妄想が膨らんだ。

結局、彼はマリアにエイズをうつされたという異常な妄想を抱くにいたった。ロドリゲスはマリアの家に電話をか

恋人からエイズをうつされた被害妄想が膨らみストーカー

け、お前にエイズをうつされたと大騒ぎ。

わざわざマリアはHIV検査を受けたが、彼女はエイズではなかった。それでも、ロドリゲスはその結果を信じず、電話での嫌がらせや、ストーカー行為を続けていた。

身の危険を感じたマリアは娘を連れて、実家に逃げ込んだ。このあたりからロドリゲスの異常な行為は隣近所にもわかるほどになっていた。

2001年9月、ロドリゲスは銃を持って、カルデロン家に赴くと、まず、マリアの弟を射殺。さらに、祖母（80歳）娘（4歳）、弟（12歳）、妹（19歳）、弟（16歳）と発見した順番に射殺した。弟のひとり（18歳）は窓から逃げだし、命拾いをした。

ロドリゲスのいちばんのターゲットだった、マリア本人と両親は外出していて、運良く助かった。ロドリゲスは家に火を放ったが、火災にはいたらなかった。

その後、ロドリゲスは現場から逃走。数日間、逃げ回ったが、警察に包囲された彼は銃で頭を撃ち抜き、自殺した。

ショック・カウンター

残虐度	☠☠☠☠☠
フェチ度	👠👠
衝撃度	💣💣💣💣💣

ストーカーの狂気は身近に存在する！

ブルック・シールズが異常なストーカーに悩まされるサイコ・ホラー。コンピュータ・プログラマーのストーカーが、眉毛美人の同僚ブルックに「僕たちは愛し合う運命なんだ」と迫り、嫌がらせとしか思われない愛情表現を続ける。歪んだ愛情を拒否されるや、ショットガンで武装し、会社で大量殺戮を起こす。

『狂気の殺人』はストーカー以上に気の狂ったサイコのオンパレード。ヨーロッパ各国のサイコキラー話が読めるが、このシリーズ、タイトルに犯人の名前がなくて、調べるのには不便。

MOVIE

『ストーカー　異常性愛』

NOVEL

『狂気の殺人』

ジョン・ダニング
（中央アート出版社）

小説『プロンプトン・ストリートの謎』が犯行の証拠に！

レジナルド・バックフィールド

DATE
犯行の翌日に現場付近を徘徊し、しかも自作の小説の原稿用紙を持ち歩くヌケ作野郎。

少年の見ている前で母親の首を切り裂き殺害！

イギリス出身。レジナルド・S・バックフィールドは顔に締まりのない男で、常にニヤニヤ笑いを浮かべていた。恐らく、すでに精神に異常をきたしていたと思われるが、それは発覚せず、第2次世界大戦で徴兵される。

陸軍では砲兵となったが、ここでもいつもニヤニヤしているために、同僚たちからは変人と見なされ、気味悪がられたり、バカにされたりしていた。ついたあだ名は「ニヤ公」。

そんな彼は1942年10月に、陸軍を脱走した。軍から逃げだしたバックフィールドは町をふらついて、プロンプトン通りにあるシムズ家にやってきた。家には妻のエレン・シムズと4歳の息子しかいなかった。

シムズはまったく何の理由もなく、この家に侵入すると、ニヤニヤしながら、持っていたアーミー・ナイフで、ミセス・シムズに襲いかかった。彼は怯える4歳の少年の見ている前で、母親の首を切り裂き、さらにめった刺しにして殺害。そのまま、現場から立ち去った。

唯一の目撃者である子供は、警官に「ママは兵隊さんに殺された」と証言した。事件の翌日、現場付近を、ニヤニヤ笑いを浮かべながら徘徊していたバックフィールドは不審人物として、あっさり逮捕されてしまった。

この時、バックフィールドは何か書きつけた紙の束を抱えていた。しかし、まだ、殺

「読んでください」刑事に生原稿を手渡した

人事件とは結びつけて考えられておらず、大戦下という状況で、しかも、脱走兵だったため、警察は彼を憲兵隊に引き渡した。

　バックフィールドは引き渡しに立ち会った刑事に、紙の束を渡して、「読んでください」と言うのだった。それは『プロンプトン・ストリートの謎』と題された小説だったのだが、署に帰った刑事たちはその内容を読んで驚愕した。

　その「小説」は陸軍からの脱走兵が、プロンプトン通りのシムズ家で、その家の主婦エレンをナイフで殺害するというストーリーだったからだ。現場を見た人間でなければわからない細かい事柄まで、リアルに書かれていたのだ。

　シムズ家の殺人の犯人はバックフィールドだと断定された。裁判では、「あれはフィクションで、想像力の産物」と主張したが、受け入れられなかった。自作の「小説」は最有力な証拠となり、彼は1943年、有罪判決を受けた。しかし、その後の精神鑑定で異常と判定され、精神病院に移された。

ショック・カウンター

残虐度

フェチ度

衝撃度

殺人鬼の自己主張は犯行手口だけに非ず

『ブラック・ダリア』でベストセラー作家となったエルロイ。本作は、全編、殺人鬼のマーティン・マイケル・プランケットの告白と、合間に挿入される彼の殺人事件の記事で構成されたもの。自己顕示欲の強い殺人鬼という点で、バックフィールドに近い。

自己主張という点では、連続殺人鬼ベンの日常を描いた『ありふれた事件』がある。レイプ殺人を繰り返すベンをドキュメント映画スタッフが取材しているという設定で、ベンはカメラに向かって社会批判をし、芸術にも詳しいところを見せる。

NOVEL
『キラー・オン・ザ・ロード』

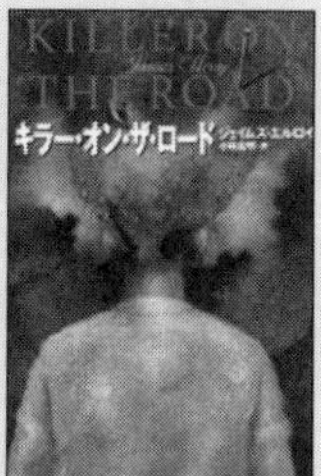

ジェイムズ・エルロイ
（扶桑社ミステリー文庫）

MOVIE
『ありふれた事件』

バラバラの死体を大鍋で煮てパブに売った「悪魔のような女」

ケイト・ウェブスター

DATE 死体をバラバラにして、証拠隠滅しやすいように、大鍋で煮て木箱につめ遺棄する残虐性から、「悪魔のような女」と噂された。

メイドをクビになり逆ギレ！
斧でズタズタにして煮つめる

1849年、アイルランド出身。アイルランドで生まれたケイト・ウェブスターは、成長の後、イギリス・ロンドンに移住した。しかし、貧乏で苦しい生活から、若い頃から盗みを働き、アパートや下宿屋を荒らして回る窃盗の常習者であった。

2回の結婚も破綻したケイトは一時、真面目に働こうとし、ロンドンで裕福な未亡人ミセス・トーマスの豪邸のメイドとして住み込んだ。

しかし、ミセス・トーマスは非常に厳しく、潔癖な性格で、使用人に辛く当たった。ましてや、元・泥棒だったウェブスターとうまくいくわけがなかった。

ずぼらで仕事をサボり、小物を盗む手癖の悪い彼女を、ついにミセス・トーマスはクビにした。ウェブスターはこの解雇を不当だとして、激怒した。

逆ギレたウェブスターは斧でミセス・トーマスを殴り殺し、ズタズタにした。さらに肉切り包丁で、死体を解体。頭以外の部分を蒸気ボイラーにかけた大鍋で煮た。

女主人の肉がほどよく煮えると、それを木箱に詰めて、テームズ川に捨てた。さらに、死体を煮た時にできた肉汁をビン詰めにして、近所のパブに売った。頭はなぜか、自分の黒いバッグに入れて持って歩いていた。

1879年3月に、テームズ川の川べりに謎の木箱がうちあげられ、通りがかりの者が拾って、中に煮た肉が詰ま

肉汁をパブに売り頭部は持ち歩いた？

っているのを見て、警察に通報した。

当初、警察は医学生のイタズラ程度にしか考えていなかったが、肉が人間のものであることがわかると、一転して猟奇殺人事件として捜査されることになった。

肉の詰まった箱が発見された4日後、ウェブスターは殺したミセス・トーマスになりすまして、業者をトーマス邸に呼びつけ、引っ越しをするからといって、家財道具一式を売却。その金を持って姿を眩ました。当然、ミセス・トーマスの首を持ったままだ。

ミセス・トーマスの失踪が発覚して、煮られた死体も彼女のものと断定され、ウェブスターが指名手配され、潜伏先で逮捕された。

逮捕された時には、彼女はミセス・トーマスの首を持っていなかった。なぜか、ウェブスターは首の行方をけしてしゃべらず、ついに首は発見されなかった。

殺人で有罪となったウェブスターは「悪魔のような女」とあだ名され、1879年に絞首刑となった。

ショック・カウンター

残虐度

フェチ度

衝撃度

女性はしごくまっとうに殺人を犯す?

元の雇い主を殺して、肉を煮たことにより、「悪魔のような女」のニックネームを持つケイト・ウェブスター。『殺人紳士録』の「女殺人犯」の項目に名を連ねている。

「実録ヨーロッパ殺人シリーズ」のPART3が『女性殺人犯』で、コリン・ウィルソンにヨーロッパ各国の殺人事件のネタを提供したダニングが取っておきの女流サイコキラーを紹介している。でも、連続して奇妙な殺人をする人はいなくて、あんまり、インパクトはないんだよな。

NOVEL

『新版　殺人紳士録』

J・H・Hゴート＆ロビン・オーデル（中央アート出版社）

NOVEL

『女性殺人犯』

ジョン・ダニング
（中央アート出版社）

暴力のみが存在理由！ヒッチハイク連続殺人鬼！

ウィリアム・クック

DATE
生まれつき瞼が厚ぼったくたれ下がっている、容姿のコンプレックスがトラウマとなり、非常に危険で凶悪な男に成長した。

「拳銃で生きる男になる。銃で暴れまわってやる」

1919年、アメリカ・ミズーリ出身。ウィリアム・E・クックは鉱山労働者の息子として生まれた。生まれつき瞼が厚ぼったくたれさがっており、これがクックの強いコンプレックスだった。

この顔の特徴をからかわれて成長したせいか、彼は非常に凶暴な性格になり、父親に「俺は拳銃で生きる男になる。銃で暴れまわってやる」と宣言したこともあった。

彼はその言葉通り、暴力事件を起こしては、警察の世話になる人生を送った。30になる頃には、警察のブラックリストに名前の載っている常習的な犯罪者になっていた。

クックは1950年に、エル・パソで銃を買うと、テキサスでヒッチハイクをする振りをして、車を止め、何の理由もなく、銃でドライバーを脅して車を強奪。ドライバーをトランクに閉じ込めて爆走した。しかし、この時はドライバーが機転を効かせて脱出に成功したので、クックも車を置いて逃走した。

クックは今度はカール・モッサーの一家5人と愛犬が乗った車に乗り込み、銃で脅した。モッサーはクックの命じるままにニューメキシコ、テキサス、ヒューストンと転々と車を向けたが、ガソリンスタンドで給油中に、クックに襲いかかった。

だが、この襲撃は失敗し、キレたクックはモッサー一家を山中に連れていき、飼い犬も一緒に射殺した。彼は死体を乗せた車でドライブし、鉱

領収書の宛名から指名手配
銃撃戦で捜査官が降伏！

山に捨ててしまった。

1951年1月になると、モッサー一家の死体が血まみれの車とともに発見され、捜査が開始された。すると、最初にクックに襲われ、命拾いしたドライバーが自分の車のシートから、エルパソの銃器店の領収書を見つけ、警察に提出した。

領収書の宛て名は、ウィリアム・E・クックと、そのまんまの本名だった。警察のブラックリストに載っていた彼はすぐに指名手配となった。

クックはカリフォルニアで捜査官に追い詰められたが、この捜査官はクックに銃撃されて、降伏。クックによって、砂漠のド真ん中に置き去りにされるという有り様だった。

クックはまたしてもヒッチハイクして、アリゾナまで行き、ドライバーのロバート・デューイを殺害した。この殺人にも理由はなかった。

その後も、当局との鬼ダッコが続いたが、クックはメキシコで逮捕され、カリフォルニア州の刑法で裁かれた。有罪となった彼は1952年、ガス室で死刑になった。

ショック・カウンター

残虐度

フェチ度

衝撃度

ヒッチハイク殺人を楽しむならこの2本！

『ヒッチャー』はハイウェイをドライブしていた青年が、ルトガー・ハウアーのハッチハイカーを同乗させるのだが、彼がサイコで、行く先々で殺人をして回る。殺しの理由など一切説明されないのが怖い。『クリーン・シェーブン』もハイウェイを移動しながら連続殺人を犯す男のロードムービー。連続幼女殺人鬼のピーターは、脳に受信機、爪に発信機を埋め込まれて、そのせいで自分は人殺しになったと思っている電波系。なので、頭皮を剥いだり、生爪をはがして、マトモになろうとしている可哀相な人である。

MOVIE

『ヒッチャー』

MOVIE

『クリーン・シェーブン』

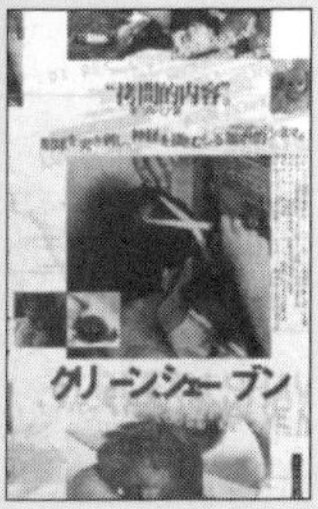

死刑執行を中継！　オクラホマシティ連邦政府ビル爆破犯人

ティモシー・マクベイ

DATE

刑執行間近になっても謝意が聞かれなかったマクベイ。ビル爆破テロの巻き添えになって、苦しみ死んでいった被害者とは対照的な最期だった。

陸軍に入隊し湾岸戦争に参加 挫折して反政府側へ

1968年、アメリカ・ニューヨーク出身。ティモシー・マクベイはごく普通の若者だった。高校時代には、仲間とスポーツに興じ、パソコンに夢中だったが、特徴があるとすれば、非常に銃が好きで、軍や戦争に強い興味を持っていたということだろう。愛国心も強く、強いアメリカが大好きであった。

1988年に念願かなって、陸軍に入隊する。軍でのマクベイは昇進試験をことごとくクリアしていった。湾岸戦争で実戦にも参加する。その後、グリーンベレーを目指したが、これに挫折した。失意のマクベイは1991年に軍を去った。彼は警備員になるが、この頃からアメリカの現状に強い不満を抱きはじめる。

犯罪率は増加し、政府は無能。このままでは、強いアメリカはダメになってしまうと感じたマクベイは、白人至上主義とアンチ銃器規制、政府の否定をスローガンに、新聞に「改革に流血は必要だ」なる論文を投稿したりするようになった。

この発想と考え方は、アメリカの右翼武装集団・ミリシアと同じようなものだったため、彼がこのメンバーだったとも言われるが、実際には関係なかったようだ。

1993年にカルト教団・ブランチ・ダビディアンが気違い教祖と共に武装して立てこもり、FBIとの銃撃戦の末、全員が自殺した事件が起きると、マクベイは「国家権力の横暴」だとしてキレまく

連邦政府ビルを爆破 死傷者668人を出す大惨事

った。

　彼はブランチ・ダビディアン事件からちょうど2年目の1995年4月、軍の同僚だったテリー・ニコルズとオクラホマシティの連邦政府ビルに爆弾を仕掛けて爆破した。ビルは半分が吹っ飛び、168人が死亡、500人以上が重軽傷を負う大惨事を引き起こした。

　逮捕されたマクベイには1997年、死刑判決が下り、2001年6月に執行された。インディアナ州刑務所でのマクベイの死刑には1400人の報道関係者やギャラリーが押しかけた。また、この死刑は実況中継で、オクラホマシティのホールに設置された巨大スクリーンに映し出された。マクベイは無表情で、感情を現さなかった。

　会場には232人の遺族や関係者がおり、マクベイに睡眠薬と筋肉弛緩剤、そして、毒物が注入されるのを目撃することができた。遺族の中には、あまりにもおだやかな死刑ぶりに「電気椅子を使うべきだった！」と激怒する人もいた。

ショック・カウンター

残虐度
フェチ度
衝撃度

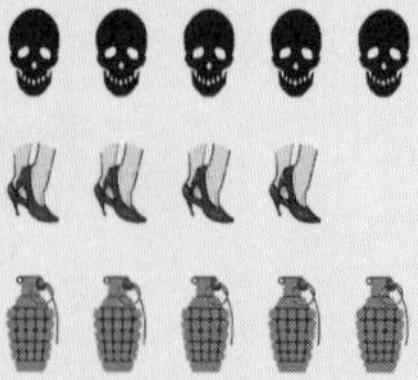

マクベイの死亡はちゃんと確認した？

マクベイの死刑はＴＶ中継された。アメリカでは昔のヨーロッパでよくあった公開処刑の伝統が生き残っているようだ。でも、殺人犯が死刑になったからといって安心してはいけない。『ショッカー』では、連続殺人鬼ハロルド・ピンカーが電気椅子で処刑されるが、彼の霊と電流が合体。電気と電波のある所なら、どこにでも出現できる殺人鬼になる。『スリープストーカー』は、連続殺人鬼・サンドマンがガス室で生き延び、変幻自在の砂の肉体を持つスーパー殺人鬼になり、かつて殺しそこねた少年を襲うのである。

MUSIC

『ショッカー』

サントラ盤

MOVIE

『スリープストーカー 砂男の恐怖』

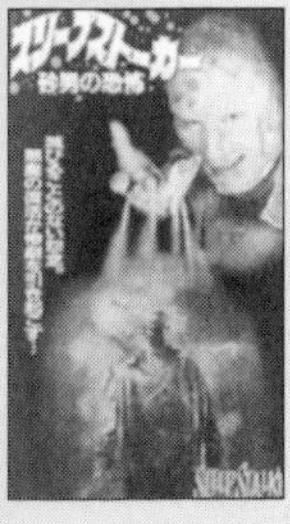

目黒殺人鬼博物館スタッフ

有害テキスト

目黒　卓朗 ライター

自称・目黒殺人鬼博物館館長。著書に『殺人王』シリーズ、『JOJOマニア　ジョジョの奇妙な冒険研究読本』『JOJOリターンズ』、訳書に『地獄でロック★ファイヤー』（以上、21世紀BOX）『平成版出世図鑑』（ぱる出版）などがある。

猛毒イラスト

オノチン イラストレーター&ミュージシャン

P16、36、52、80、88、156、172、196、204、216、228

友利　琢也 イラストレーター

P12、32、48、76、108、120、140、168、224、244

前田　美和 イラストレーター

P24、84、100、136、152、164、176、184、200、240

Meg イラストレーター&実業家

P40、56、72、96、104、112、148、160、208、220、236

MIKAFITS イラストレーター

P20、44、116、180、232

ヤマグチノリカズ 木版画家

P28、60、92、144、212

世界殺人鬼ファイル

殺人王2 ～地獄の毒毒キラー～

2002年　4月27日　第1刷
2006年12月31日　第3刷

編者　目黒殺人鬼博物館
発行者　鈴木　実
発行所　21世紀BOX（21th Century Box）
発売元　太陽出版
東京都文京区本郷4-1-14　〒113-0033
TEL：03-3814-0471　FAX：03-3814-2366
http://www.taiyoshuppan.net/
印刷　壮光舎印刷株式会社
株式会社ユニ・ポスト
製本　井上製本所